Dicionário
da Bíblia

Tomás Parra Sánchez

Dicionário da Bíblia

EDITORA
SANTUÁRIO

Dados Internacionais de Catalogação na Publicação (CIP)
(Câmara Brasileira do Livro, SP, Brasil)

Parra Sánchez, Tomás
　　Dicionário da Bíblia / Tomás Parra Sánchez; tradução de Francisco Costa e João Boaventura Leite. — Aparecida, SP: Editora Santuário, 1997.

　　Título original: Diccionario de la Biblia.
　　ISBN 85-7200-400-9

　　1. Bíblia - Dicionários I. Título.

96-5399   CDD-220.3

Índices para catálogo sistemático:

1. Bíblia: Dicionários 220.3
2. Dicionários bíblicos 220.3

Título original: *Diccionario de la Biblia*
© Ediciones Paulinas, México, 1992
ISBN 970-612-044-0

Tradução de
Pe. Francisco Costa, C.Ss.R., e
Pe. João Boaventura Leite, C.Ss.R.

6ª reimpressão

Todos os direitos em língua portuguesa
reservados à **EDITORA SANTUÁRIO** — 2014

Composição, CTcP, impressão e acabamento:
EDITORA SANTUÁRIO – Rua Padre Claro Monteiro, 342
12570-000 – Aparecida-SP – Fone: (12) 3104-2000

A meus pais:
que desejaram ver
o que vocês veem
... e não puderam
(Mt 13,17).

Os escritos bíblicos e suas siglas

Ab	Abdias
Ag	Ageu
Am	Amós
Ap	Apocalipse
At	Atos
Br	Baruc
Cl	Colossenses
1Cor	1ª Coríntios
2Cor	2ª Coríntios
1Cr	1º Crônicas
2Cr	2º Crônicas
Ct	Cântico dos Cânticos
Dn	Daniel
Dt	Deuteronômio
Ecl	Eclesiastes
Eclo	Eclesiástico
Ef	Efésios
Esd	Esdras
Est	Ester
Êx	Êxodo
Fl	Filipenses
Fm	Filêmon
Gl	Gálatas
Gn	Gênesis
Hab	Habacuc
Hb	Hebreus
Is	Isaías
Jd	Judas
Jl	Joel
Jn	Jonas
Jó	Jó
Jo	João
1Jo	1ª João
2Jo	2ª João
3Jo	3ª João

8 / Os escritos bíblicos e suas siglas

Jr	Jeremias
Js	Josué
Jt	Judite
Jz	Juízes
Lc	Lucas
Lm	Lamentações
Lv	Levítico
Mc	Marcos
1Mc	1º Macabeus
2Mc	2º Macabeus
Ml	Malaquias
Mq	Miqueias
Mt	Mateus
Na	Naum
Ne	Neemias
Nm	Números
Os	Oseias
lPd	1ª Pedro
2Pd	2ª Pedro
Pr	Provérbios
Rm	Romanos
1Rs	1º Reis
2Rs	2º Reis
Rt	Rute
Sb	Sabedoria
Sf	Sofonias
Sl	Salmos
1Sm	1º Samuel
2Sm	2º Samuel
Tb	Tobias
Tg	Tiago
1Tm	1ª Timóteo
2Tm	2ª Timóteo
1Ts	1ª Tessalonicenses
2Ts	2ª Tessalonicenses
Tt	Tito
Zc	Zacarias

Introdução

O *Dicionário da Bíblia* é um pequeno vocabulário de termos bíblicos que dá sinteticamente um panorama rápido, amplo e sugestivo dos principais e mais usados conceitos tanto da Escritura como dos estudos exegéticos em torno dela.

O livro quer ser um instrumento de consulta fácil e segura, barato e pertinente para descobrir as riquezas da Palavra de Deus refletidas nas pessoas, escritos, lugares e conceitos.

As 575 palavras são apresentadas com simplicidade de linguagem, riqueza em sugestões e atenção ao fundamental. Isto levou a escolher:

— as localidades bíblicas mais importantes nas quais se desenrolou a história da salvação (58);

— os nomes de pessoas que mais interessam tanto por seu significado como pelo peso teológico que têm na tradição bíblico-cristã (162);

— os temas e vocábulos teológicos indispensáveis para a compreensão global da mensagem bíblica, também em termos modernos que explicitam os conteúdos escriturísticos (174);

— todos os escritos bíblicos e os grupos a que pertencem, mesmo que figurem sob o nome ou qualificativo dos destinatários ou do autor ao qual são atribuídos (90);

— os termos antropológicos fundamentais que permitem decifrar as inquietudes, tendências, linguagem e manifestações concretas do homem bíblico (55);

— os símbolos mais frequentes na Escritura que se prestam à confusão entre o povo e o abuso de interpretação por sua diversidade de sentidos (135);

— e outros conceitos mais sobre vestes sagradas, práticas religiosas, apodos, títulos, atividades, questões morais e circunstâncias da vida (40).

10 / Introdução

A soma desses conjuntos é superior à das palavras, já que muitos termos pertencem a diferentes campos. Assim, "deserto" forma parte da Geografia, da Simbologia, da Teologia; "coração" amplia o campo da Antropologia.

Em seu conjunto, o Dicionário da Bíblia é uma combinação de Exegese, Teologia bíblica, Fenomenologia e Simbologia religiosas, disciplinas que devem estar ao alcance do povo em "cápsulas" de informação bíblica, suficientes para clarear ideias, enriquecer o conhecimento da própria fé, trazer elementos para o diálogo com os demais cristãos e ajudar na catequese a quem precisa.

Ao final de muitas palavras são sugeridas outras para reforçar o tema. Isto ajudará enormemente o catequista para ampliar enfoques e completar sua visão de conjunto, ao mesmo tempo o reforça também com uma suficiente Bibliografia final.

Como o livro não está destinado a biblistas de profissão, a transcrição de vocábulos estrangeiros é feita segundo seu som aproximado e não de acordo com transliterações científicas.

Para terminar, o autor reconhece a dívida que tem com suas fontes citadas na Bibliografia, aceita a urgência de simplificar ainda mais o tom e linguagem acadêmicos que usou para um livro como esse e agradece antecipadamente todas as observações que queiram lhe fazer chegar para complementar o livro e eliminar lacunas.

As notas sintéticas sobre os temas tratados não substituem a leitura direta do texto sagrado nem eliminam a necessidade de meditação e reflexão sobre as passagens citadas.

Pede-se ao bondoso leitor sua compreensão e faz-se-lhe o convite de aprofundar a Palavra de Deus, único objetivo deste vocabulário.

Tomás Parra Sánchez
San José, Tláhuac,
Junho de 1992

Aarão

(*Nome ligado ao hebraico "arón": "arca", "caixa"*). Filho de Amram e Jacobed, pertencente à tribo de Levi. Há várias tradições sobre sua pessoa e funções: numa ele aparece como porta-voz de Moisés diante do povo e do Faraó (Êx 4,14-17; 7,1-3); noutra, como irmão de Moisés e de Maria (Êx 6,20). Com seu cajado, vara ou bastão acontecem sinais portentosos: converte-se em serpente, muda a água em sangue e faz vir mosquitos (Êx 7,10-12.20; 8,12) ou floresce para acalmar as murmurações do povo (Nm 17,16-26). É atribuída a Aarão a construção do "bezerro de ouro" (Êx 32) como apostasia e noutra passagem obscura é castigado por sua falta de fé, sendo impedida sua entrada na terra prometida (Nm 20,1-3). É considerado tipo e primeiro (epônimo) dos sacerdotes aarânicos (Êx 39,1-31; 1Cr 5,28-41). Ver: *Sacerdote*.

Abadon

(*"Ruína", "perdição", "destruição"*). Nome aplicado ao mundo dos mortos. Ocasionalmente, aparece como personificação do mal, sinônimo de sepulcro, da morte e do *sheol* ou também como apelativo do Príncipe do inferno (Jó 26,6; 28,22; 31,12; Pr 15,11; Ap 9,11). Ver: *Inferno, Seol ou Sheol*.

Abdias

(*"Servo de Javé"*). Alguns personagens do Antigo Testamento levaram este nome (1Rs 18,3; Esd 8,9). O principal foi um profeta ao qual se atribui um escrito catalogado entre os "profetas menores". Deu sua mensagem pouco depois da destruição de Jerusalém (587 a.C.).

Livro de Abdias. O escrito contém uma polêmica contra os edomitas, povo irmão de Israel, mas aproveitador nas desgraças deste (Gn 25,19-34; 27). O livro, apresentado como uma visão do profeta, fala também do dia do Senhor.

Abel e Caim

(*"Sopro, fragilidade"* e *"Ferreiro"*, respectivamente). Filhos de Adão e Eva, representantes de dois tipos de humanidade: o pastor, aberto a Deus em seu peregrinar; e o tipo do homem estabelecido, seguro e apegado a suas possibilidades (Gn 4). A tradição bíblica fala deles como exemplos do contraste humano e objetos de diferente predileção divina: de Abel, Deus prefere sua oferenda; a Caim protege com o sinal do seu cuidado, apesar do crime cometido (Hb 11,4; 1Jo 3,12.15; Jt 11). Abel é substituído por Set, pai dos "adoradores de Deus" (Gn 4,26). Caim, ao contrário, gera dez patriarcas que levarão o mal até suas últimas consequências (Gn 4,17-24).

Abiatar

(*"O pai é rico"*). Descendente do sacerdote Eli, único sobrevivente da matança de sacerdotes ordenada por Saul. Foi seguidor de Davi (1Sm 23) e com Sadoc transportou a arca para Jerusalém e, além disso, foi conselheiro na corte daquele (2Sm 19,12-25). Sustentou o partido de Adonias contra Salomão e foi desterrado (1Rs 1,7-45; 2,26-27). Entre seus descendentes sobressaiu o profeta Jeremias.

Abimelec

(*"Meu pai é rei"*). Rei de Gerara nos tempos de Abraão que realizou uma aliança com o patriarca pela posse de uns poços de água. Duas tradições se ocupam dele (Gn 20; 21,22-32; 26,1-11). Outro personagem do mesmo nome foi o filho do juiz Gedeão que tentou estabelecer durante três meses a primeira monarquia em Siquém.

Seu meio-irmão Joatão dedicou-lhe uma fábula para tirá-lo de seu erro e atentado contra a tradição tribal (Jz 9).

Abismo

O termo hebraico *tehóm* da cosmologia bíblica, geralmente traduzido como "abismo", indica o conjunto de águas que — conforme se imaginava — rodeavam o existente à maneira de matriz cósmica (Gn 1,2; Sl 104,6; Dt 33,13; Jó 38,8). Posteriormente, serviu para designar a profundidade do mar (Sl 148,7; Hab 3,8-10; Jó 28,14; Is 51,10) ou uma personificação do mesmo mar (Sl 42,8; 77,17; Jó 41,24). Em o Novo Testamento, abismo é sinônimo do mundo dos mortos (Rm 10,7) e do lugar no qual radicam as potências demoníacas (Lc 8,31; Ap 9,1-2.11; 11,7; 17,8; 20,1-3), cujo chefe é *Abadon* ("Perdição") ou *Apolyon* ("Destruidor"), príncipe do abismo. Ver: *Abadon, Inferno.*

Ablução

Banho ou lavagem que indica a purificação de imundície ritual ou moral. O Antigo Testamento menciona numerosas abluções por questão de menstruação, fluxos, parto e contato com enfermos e mortos (Lv 14-15); por ações sexuais impróprias ou por motivo de enfermidade. Nessas abluções se utilizavam como elementos purificatórios o sangue, a água, a água lustral (composto de água e cinza: Nm 19,5-12) e exorcismos (Mc 7,4; Lc 11,38).

Abner

(*"Meu pai é luz"*). Sobrinho do rei Saul e general em chefe do exército. À morte de Saul e de seu filho Jônatas, foi regente da nascente monarquia e fez um tratado de paz com Davi. Morreu assassinado por Joab e Davi dedicou-lhe uma elegia (2Sm 2,8-3,34).

Abominação

Conceito aplicado a tudo que é repugnante, particularmente às ações imorais e religiosas que causam escândalo. Os profetas dão esse nome aos ídolos pagãos e ao culto que lhes é prestado (Ez 5,9-11; Jr 13,27); o *Deuteronômio* dá esse nome à transgressão religiosa e às faltas no culto (7,25; 12,31); e outras passagens o utilizavam para qualificar a aversão a Deus pelo pecado (Pr 3,32; 15,8-9).

Abominação da desolação. Circunlóquio aplicado às grandes profanações contra o templo de Jerusalém (Dn 9,27; 1Mc 1,54; Mc 13,5.23).

Abraão

(*"O pai é excelso"* ou *"ele ama o pai"*). Patriarca arameu, pagão de origem, convidado por Deus a deixar sua terra, cultura e família e emigrar para uma nova terra. Por sua obediência, é convertido em pai do povo hebreu e dos que têm fé (Gn 12,1-6). *Gênesis* narra sua história pessoal e tribal, suas alianças com os cananeus e suas experiências de fé (Gn 12,26). A tradição bíblica considera-o fundador de um povo, símbolo do homem escolhido por Deus para uma missão, bênção para aqueles que entram em contato com ele, amigo de Deus e laço espiritual entre todos os crentes (Is 41,8; Gl 3,6-29; Tg 2,23).

Absalão

(*"O pai é paz ou prosperidade"*). Filho de Davi e Maaca. Por causa da violação de sua irmã, mandou assassinar o meio-irmão violador, auto-desterrou-se e depois teve a pretensão de ocupar a monarquia, fazendo a guerra a seu pai. Morreu nas mãos de Joab e de outros militares de Davi, recebeu sepultura de criminoso e foi chorado amargamente por seu pai (2Sm 13,1-19,9).

Acã

Filho de Carmi. Causa de uma desgraça para todo o povo por ter se apossado de objetos destinados ao anátema (Js 7). O relato sugere que a ação individual repercute na comunidade. Ver: *Responsabilidade; Solidariedade.*

Acab

(*"Irmão de pai"*). Filho de Omri e rei de Israel entre os anos 875 e 853 a.C. Deu ao Reino da Samaria prestígio internacional, poderio militar e econômico, mas seu reinado foi visto como um período obscuro para a fé em Israel, visto que, por um lado, o rei defendia o profeta Elias e, por outro, casou com a fenícia Jezabel e foi complacente com seus cultos pagãos. Sua filha Atália reinou um tempo em Jerusalém (1Rs 16,29-22,40; 2Rs 11).

Adão

(*"Terra vermelha"* ou *"terra cultivável"*). Normalmente designa uma coletividade: humanidade, gente. Utilizado em forma pessoal é o primeiro homem, esposo de Eva, pai de Caim, Abel e Set e longevo até os 930 anos. Teologicamente, Adão é um punhado de pó, desobediente, que experimenta pecado, castigo e sofrimento. E símbolo da humanidade em todas as suas facetas, mas também tipo do Messias e do homem chamado por Deus para partilhar a vida, a terra, a bênção e para ser primogênito de uma nova humanidade (Gn 1,26-5,5; 1Cor 15,21-23; Rm 5,12-21). Ver: *Eva; Homem e mulher.*

Adivinhação

Ato religioso com o qual se pretende conhecer os desígnios e a vontade da Divindade para

16 / Adoção

neutralizar suas iras e castigos ou para aplacá-la favoravelmente. O povo hebreu, à semelhança de numerosas comunidades religiosas antigas, recorreu a diversos ritos de adivinhação como, por exemplo, a consulta aos mortos ou necromancia (Lv 19,31; 20,27; 1Sm 28), o uso dos *urim* e *tummim* (talvez palitos, pedrinhas ou dados: Êx 28,30; 1Sm 14,41), o sonho, o *efod* ou peitoral da decisão e o oráculo do sacerdote (Nm 27,18-21). Ver: *Oráculo; Sonho.*

Adoção

Incorporação legal de um estranho ao âmbito familiar. O Antigo Testamento apresenta alguns casos de solidariedade com crianças abandonadas, equiparáveis a uma adoção, como no caso de Moisés recolhido pela filha do Faraó e no de Ester, por Mardoqueu (Êx 2,10; Est 2,7.15). Outros casos se referem a uma proteção especial: Bala parece traspassar sua maternidade dando à luz sobre os joelhos de Raquel; Efraim e Manassés são colocados nos de Jacó e este lhes transmite sua bênção (Gn 30,3-8; 48,12; 50,23). Em nível teológico, Deus aceita Israel como filho (Os 11,1) e os crentes reconhecem-se pertencentes a Deus (Is 63,16; Rm 8,15; Gl 4,5-7; Ef 1,5).

Adonias

(*"Meu Senhor é Javé"*). Quarto filho de Davi. Apoiado pelo sacerdote Abiatar e pelo general Joab, pretendeu herdar a monarquia de Judá e conspirou para isso. Nomeado Salomão, Adonias salvou a vida refugiando-se no templo, mas depois, ao pretender Abisag, última esposa de Davi, foi executado (1Rs 1,5-53).

Adultério

Relação sexual entre pessoas, das quais uma pelo menos está legitimamente casada com outra. O delito se equiparava nos tempos bíblicos ao furto grave e ao homicídio, e os culpáveis eram apedrejados pela comunidade, pois se considerava que o mal afetava a todos (Êx 20,14; Lv 20,10; Dt 22,22-24). O Novo Testamento estende seu alcance maligno ao desejo (Mt 5,27-28; 15,19), mas também possibilita seu perdão e sugere uma tomada de consciência mais a fundo a respeito (Jo 8,3-11). Por outra parte, o tema aparece como um recurso literário e simbólico na Escritura para falar da infidelidade a Deus (Os 1-3; Ez 16; 20; 23).

Agar

Escrava egípcia de Sara. Teve com Abraão o filho Ismael. Abandonada no deserto por sua patroa, é protegida por Deus e se converte em mãe dos agarenos (Gn 16,1-6; 21,9-21). O apóstolo Paulo converte-a em figura do Antigo Testamento, contrapondo-a a Sara, figura do Novo Testamento (Gl 4,21-31).

Ageu

(*"Nascido em dia de festa"* ou *"O Festivo"*). Profeta de Judá, atuante pelo ano 520 a.C. entre os repatriados da Babilônia (Esd 4,24-5,2; 6,14; Ag 1,12-15).

Livro de Ageu. No escrito, décimo no grupo dos profetas menores, o autor anima seus patrícios judeus a reconstruir o templo, a enfrentar a realidade presente, a fechar-se aos pagãos e apoiar a pureza do povo.

Água

Por sua origem (nuvens e profundidades da terra), virtualidades e formas de existência (poço, chuva, orvalho, rio, fonte, mar), serviu para muitos usos e utilidades. Entre os usos sagrados, sobressaíram os ritos de abluição purificadora (Nm 19); e entre os simbólicos, sua consideração como elemento primordial e meio vivificante.

18 / Águia

Negativamente, era considerada como espaço de risco, fronteira para o homem (mar), instrumento de castigo (dilúvio: Gn 6-8) e personificação do mal. Seu domínio manifesta o poder de Deus (passagem do mar, tempestade acalmada, caminhar de Jesus sobre as águas: Êx 14,21-29; Js 3; Mc 4,35-41; 6,45-52). Teologicamente, equivale a um dom messiânico, ao batismo, à salvação. É também símbolo da bênção divina, do Espírito e de Cristo (Ez 36,25; Jo 4,10-15; 7,38; 19,34; Ap 22,1).

Águia

Por sua rapacidade, voo e domínio nos ares, era considerada símbolo do celeste, do misterioso e do inacessível para o homem. Sua imagem perdura num dos viventes que transporta o trono divino (Ez 1,10; Ap 4,7).

Aleluia

(*"Louvem a Javé"*). Exclamação religiosa de alegria utilizada no culto. Vários salmos a registram no começo e no fim (Sl 111-117; 146-150). A exclamação passou para a liturgia cristã (Ap 19,1-6).

Alfa e Ômega

Primeira e última letras do alfabeto grego equivalentes ao A e Z do nosso alfabeto. O circunlóquio, já utilizado como atributo de Deus no Antigo Testamento (Is 41,4; 44,6), passa a sê-lo de Cristo em o Novo (Ap 1,5; 21,6) e indica que em Jesus se dá toda revelação e comunicação divinas, pois ele constitui o alfabeto, linguagem e mensagem supremos de Deus ao homem.

Aliança

Juridicamente, indica o pacto ou contrato bilateral entre os contratantes. A Bíblia aplica-o às reações entre Deus e o homem, ao conjunto de prescrições da *Torá* ou Lei e ao compromisso religioso derivado dessa (Gn 15,18; 1Sm 20,8; Êx 19,5.8; 24,8). Os profetas aludem a uma antiga e a uma nova aliança com perspectivas diferentes (Jr 31,31-34); o Novo Testamento a encontra cumprida na morte de Jesus, no dom do Espírito (Mt 26,28; 1Cor 11,25; 1Ts 4,8; Hb 7,22; 8,8) e a contrapõe à antiga (Cl 4,22-31). O conceito e o tema aparecem também sob os aspectos de promessa, dom, reconciliação, comunhão e reinado de Deus (Cl 3,15-16; Lc 22,29; Ap 21,3).

Alma

O conceito bíblico *néfesh* mais amplo que nossa "alma" indica a situação de ser vivente, homem ou animal; é o "eu mesmo", a garganta e a respiração que permitem viver. Designa a própria vida, a força vital, os desejos, apetites e aspirações do homem (Am 6,8; Mt 12,18). Numa palavra, qualifica os aspectos do homem em estado de necessidade; por isso, o homem não tem alma como diziam os gregos, mas é alma (2Sm 1,9; Gn 2,7; 35,18; 2Mc 7,9; 1Ts 5,23).

Altar

Por sua etimologia latina (*altus*) indica sua ubicação elevada; pela hebreia (*mitsbéaj*), sua função sacrificial. O altar recorda um pacto ou uma teofania, um lugar de reunião ou um monumento, a presença divina ou o lugar em que Deus se encontra com o homem. A tradição bíblica recorda o dos perfumes e o dos holocaustos a Deus, assim como outros idolátricos erigidos para o culto pagão (1Rs 8,64; 2Rs 23,5). Os cristãos são remetidos ao novo altar (Hb 13,10), laço e eixo de união da comunidade (1Cor 10,16-21). Simbolicamente, aparece como centro do universo, porta do céu e espécie de antena do sagrado e do Infinito. Ver: *Sacrifício*.

Amém

(*"Sim!"* ou *"Firme"*). Fórmula de assentimento, resposta e compromisso de uso comum no culto (1Cr 16,36; Sl 106,48; Rm 1,25). E também um título messiânico de Jesus (Is 65,16; 2Cor 1,19-21; Ap 3,14).

Amon

(*"Fiel"* ou *"Digno de confiança"*). Nome pessoal de um Governador da Samaria durante o reinado de Acab. Foi ele que encarcerou o profeta Miqueias por causa de seus oráculos desfavoráveis ao rei (1Rs 22,1-28); do décimo quinto Rei de Judá (anos 642 e 640 a.C.; 2Rs 21,18-24); e de uma divindade egípcia (Is 46,25). Com o mesmo nome se designam o território e o povo dos amonitas, descendentes de Ló, a este do rio Jordão (Gn 19,36-38), considerados tradicionalmente como inimigos de Israel (Dt 2,19-21; Jz 3,12-13) e destinatários de vários oráculos proféticos (Am 1,13-14; Jr 49,1-6; Ez 25,1-7).

Amor

Ver: *Caridade.*

Amós

(*"O forte"*). Nome pessoal do pai do profeta Isaías, de um antepassado de Jesus Cristo e de um profeta do século VIII a.C., originário de Técua (nas proximidades de Belém), pastor e enviado por Deus para levar sua mensagem ao Reino da Samaria (Is 1,1; Lc 3,25; Am 1,1).

Livro de Amós. Escrito do Antigo Testamento catalogado entre os profetas menores, o qual contém mensagens sobre moralidade e justiça social (Am 2,6-8; 4,1-5; 5,12; 6,4-6). Narra o enfren-tamento do profeta com o sacerdócio e o culto patrocinados pelo rei e critica abertamente a injustiça dos diferentes grupos sociais, sua religiosidade aparente, moral convencional, atos litúrgicos pomposos, mas vazios, e oferendas ao templo provenientes de rapina e de injustiça (Am 3-6; 7,10-17). Foi o primeiro escrito profético propriamente dito, no qual foram abordados os temas: direito de Deus e do homem, o dia do Senhor em vigorosos oráculos contra os povos (Am 1-3), contra Israel (3-6) e visões de advertência (7-9).

Ana

(*"Graça"*, *"Compaixão"*). Estéril esposa de Elcana, que depois de pedir a Deus um filho, e tê-lo (o profeta Samuel), consagrou-o ao Senhor a quem dedicou um hino de agradecimento (1Sm 1-2). Outra Ana foi a mãe de Tobias (Tb 1,9; 7,2) e mais uma, uma anciã profetisa de 84 anos, testemunha do messianismo de Jesus (Lc 2,36-38).

Ananias

(*"Javé é favorável"* ou *"Javé é compassivo"*). Vários personagens bíblicos levaram este nome: um falso profeta nos tempos de Sedecias (Jr 28); um companheiro de Daniel no exílio (Dn 1,7); o esposo de Safira, castigado com ela por enganar os apóstolos e a comunidade (At 5,1-11); um judeu-cristão de Damasco que curara Paulo de sua cegueira (At 23,2).

Anás

(*Forma abreviada de Ananias*). Sumo Sacerdote judeu tristemente célebre por seu juízo contra Jesus, que ocupou o cargo entre os anos 6 e 15 do primeiro século e influíra nos titulares posteriores (Jn 18,13-24).

Anátema

(*Consagração, exclusão*). Oferenda consagrada a Deus ou ao templo à maneira de ex-votos e, por isso, totalmente subtraída do uso profano (Lv 27,28-29). O Antigo Testamento recorda a destruição de objetos, pessoas, famílias e localidades inteiras como Hebron e Jericó por essa causa (1Sm 15; 2Sm 5,21; Js 6,18-24; 7). Os judeus também o utilizaram contra algumas comunidades cristãs primitivas (At 9,23-29; Jo 9,34-35) em forma mitigada, como expulsão da comunidade, e os cristãos o aplicaram como último recurso para resgatar membros escandalosos da comunidade (Mt 18,17-18; 1Cor 16,22; Tg 5,20).

Ancião

Na tradição bíblica, o ancião é venerável por sua experiência e sabedoria, por sua autoridade e por seu conselho. É a ponte com o passado e a síntese da história. Na cultura bíblica tinha privilégios: ocupar os lugares principais em banquetes e assembleias do povo, ser saudado e escutado como autoridade; e sua palavra equivalia à realidade, à verdade, à evidência, à história e à própria vontade divina. A literatura sapiencial assumiu-o como sinônimo de sabedoria e modelo de vida que se condensava nas figuras do pai, do testemunho e do mestre. Deus mesmo é apresentado como "O Ancião de dias" (Dn 7,9).

Os anciãos. Formavam uma espécie de conselho nos tempos mais antigos (Êx 3,16; 18,18-27; Nm 11,16); apoiaram a monarquia nascente (1Sm 8,4; Jr 29,1) e desempenharam uma liderança política e religiosa (Dt 19,11-13). Os cristãos herdaram esse tipo de governo em suas comunidades (At 11,30; 14,23) e o *Apocalipse* apresenta-os como senado celeste (Ap 4,4; 19,4). Ver: *Sacerdote; Sinédrio; Sanedrin.*

André

(*"Varonil"*). Originário de Betsaida e irmão de Simão Pedro (Jo 1,40.44; 6,8). Foi um dos primeiros discípulos de Cristo e um de seus mais próximos (Mt 4,18-20; Lc 5,1-11; Mc 1,16-18).

Segundo *João*, antes foi discípulo de João Batista (Jo 1,35-42).

Animal

Os animais são viventes próximos do homem, servem-no (Gn 1,20-25; 2,18-20), estão sujeitos a ele (Sl 8,8-9; 91,11-13) e também são sinal da harmonia messiânica e da volta ao paraíso (Is 11,6-9; Mc 1,13). São divididos em puros e impuros de acordo com a sua utilização para os sacrifícios do templo (Lv 11). Ocasionalmente suas características servem para descrever condutas humanas, atitudes, epítetos divinos (Gn 3,8; Jó 26,13; Ct 6,8; Mt 10,16; Jo 1,29.32) e são tomados como transporte divino (Ez 1,5-21; Ap 4,6) ou são assumidos como nomes pessoais: Lia e Rebeca ("vaca"), Débora ("abelha"), Jonas ("pomba"). Ver: *Monstros.*

Anjo

(*"Mensageiro", "Anunciador"*). Na Bíblia aparece como um ser enviado por Deus aos homens para levar uma mensagem, mostrar um sinal ou atuar representando-o. Não se precisa sua natureza, mas são apresentados em grupo e ocasionalmente são chamados "Filhos de Deus" (Gn 6,2; Sl 29,1; 89,7); formam o senado divino (Jó 1,6; Is 6,2-3; Ap 5,11). Alguns são chamados de arcanjos, querubins e serafins (Gn 4,24; Is 6,6; 1Ts 4,16; Hb 9,5; Jt 9), outros recebem nome pessoal (Miguel, Gabriel, Rafael: Tb 3,17; 12,15; Lc 1,19.26; Ap 12,7). O Novo Testamento coloca-os a serviço de Jesus, afirma a autoridade deste sobre eles (Mc 1,13; Mt 26,53; Hb 1,4-13), convida a não convertê-los em motivo de discussão ou a dar-lhes excessiva importância (Cl 1,15; 2,18) e fala também dos anjos emissários de Satanás (Mt 25,41; 2Cor 11,14; Ap 11).

A tradição cristã posterior fala de nove coros de anjos e da preeminência de Miguel, Gabriel e Rafael, chamando-os de arcanjos.

Anjo de Javé. Nos textos mais antigos não é bem distinguido do próprio Deus e é apresentado como uma personificação de sua presença e mensagem (Gn 16,7; 21,17-19; Jz 6,11-24). Ver: *Querubim.*

Anticristo

Qualificativo atribuído no Novo Testamento àqueles que renegam sua fé cristã e a uma personalidade misteriosa, oposta a Deus e a seu Cristo, de quem se anunciam ataques à comunidade e a qual é chamada, segundo sua hostilidade: Ímpio, Adversário, Perdição, Falso profeta, Mau (Mt 6,13; 24,24; 2Ts 2,3-8; 1Jo 2,18.22; Ap 13). Ver: *Abadon; Demônio; Monstros.*

Antigo Testamento

Denominação genérica atribuída aos 39 escritos hebreus e arameus (texto massorético) e aos 45 gregos e latinos (textos da *Septuaginta* e da *Vulgata)* anteriores a Cristo e recebidos pela tradição cristã como verdadeiros, canônicos e inspirados. Tradicionalmente são catalogados como Pentateuco, Escritos históricos, proféticos, sapienciais ou didáticos. Classificações modernas acrescentam: Narrações exemplares (*Rute, Judite, Ester Tobias*), Poesia ou Orações (*Salmos, Lamentações, Cântico dos cânticos*). Com exceção do Pentateuco que sempre encabeça os demais e os primeiros quatro históricos (*Josué, Juízes, 1 e 2 Samuel*), todos os demais foram alterados de ordem e de lugar.

Antíoco

(*"Da Antioquia", "Antioqueno"*). Nome gentílico e familiar de diversos reis da Síria entre os anos 312 e 125 a.C., dos quais alguns são citados nos *Livros dos Macabeus* por sua hostilidade contra os judeus.

Antropomorfismo

Atribuição a Deus de figura, feições e qualidades humanas. Deus vê, anda, ouve, grita, entra em acordo, tem mãos e rosto, mas também é oleiro, guerreiro, médico, pastor e esposo (Êx 3,7-8; Am 9,2-4; Os 11,1-4; Zc 9,13).

Antropopatismo

Atribuição de reações humanas a seres vivos e a Deus. Este se enfurece, se arrepende ou odeia (Gn 6,6; Dt 2,31); demonstra gozo, desgosto e vingança (Jr 9,23; Sf 3,17; Lv 20,23); ou então manifesta bondade, misericórdia e compaixão (Êx 34,6; Nm 14,18; Dt 4,31).

Aparição

Ver: *Epifania.*

Apocalipse

(*"Revelação"*). Último escrito do Novo Testamento e de toda a Escritura, no qual se apresentam as vicissitudes da comunidade cristã numa mistura de elementos litúrgicos, simbólicos e proféticos e numa linguagem propositadamente obscura e em chave. O livro foi escrito provavelmente pelos anos 90 e 96, durante a perseguição de Domiciano. Esse mesmo nome é usado para qualificar uma linguagem simbólica e profética própria de comunidades em crise, as quais desenvolveram o tema do julgamento divino. Enquanto essas comunidades foram qualificadas como "apocalípticas", seu sistema simbólico foi denominado "apocalipticismo". Ver: *Dia do Senhor.*

Apócrifo

(*"Escondido"* ou *"à parte"*). Qualificativo atribuído a escritos judeus e cristãos (entre os séculos II a.C. e IV d.C.), parecidos aos canônicos,

26 / Apóstolo

com os quais se pretende esclarecer circunstâncias, costumes, personagens, textos e temas obscuros da Escritura ou ainda particularizar os conteúdos desta, completar sua informação e ampliar a formação de seus destinatários. Alguns deles se referem a personagens e temas do Antigo Testamento (*Assunção de Moisés, Testamento dos patriarcas, Livro de Henoc*) e a outros do Novo Testamento (*Evangelho de Tomé, Protoevangelho de Tiago, Carta dos apóstolos, Evangelho dos nazarenos*).

Apóstolo

(*"Mensageiro", "Enviado"*). Apelativo que a tradição cristã reserva em primeiro lugar para os primeiros doze seguidores de Jesus (Mt 10,2-4; At 1,13), para Matias, substituto de Judas Iscariotes (At 1,15-26) e depois para Paulo e Barnabé (At 14,4.14) e para outros mensageiros do evangelho (1Cor 15,7).

Aram

Antigo Reino, aproximadamente na área da atual Síria, o qual teve seu auge entre os séculos XI e VIII a.C. Ocasionalmente se aliou ou se opôs aos israelitas (2Sm 10; 1Rs 20). Em língua aramaica, semelhante ao fenício e ao hebreu, está escrita parte do *Livro de Esdras* (4,8-6,18; 7,12-26) e do *Livro de Daniel* (2,4-7,28).

Arca

A Escritura evoca duas arcas: a de Noé (embarcação que o livrou do dilúvio: Gn 6,13-8,19) e a da aliança, caixa portátil que era sinal da presença de Deus no meio de seu povo e continha os sinais de sua aliança com ele (Dt 10,1-2; Nm 10,35-36; Êx 25,17-21). A primeira, além de transporte, é símbolo de segurança, de conquista sobre o mar, de salvação e de vida.

Arco-íris

É emblema da nova ordem cósmica, simboliza a bondade e a aliança com Deus (Gn 9,12-17) e indica a glória e a santidade divinas (Ez 1,28; Ap 4,3; 10,1).

Árvore

A Escritura menciona várias em razão de seus frutos e de sua madeira. Usa principalmente seu simbolismo: é sinal de vida (Gn 2,5), de bênção e exuberância da terra (Ez 47,12; Is 11,1-13), de segurança ou arrogância (Sl 92,13; Jr 17,8; Ez 31); a forma de metáfora do justo (Sl 1,3); como indicação de graça, eixo que propicia a vida da comunidade (tamarindo de Siquém: Gn 12,6; azinheira de Efra: Jz 6,11. 19; palmeira de Débora: Jz 4,5) e fonte de imortalidade (Gn 3,22-24; Ez 47,12; Ap 22,2-14.19). Jesus serviu-se de vários tipos de árvores em suas parábolas para fazer entender a essência e a perspectiva do reino de Deus (Lc 6,43-44; 13,6-9; Jo 15,1-6).

Ascensão

Cena do *Evangelho de Lucas* e dos *Atos dos apóstolos* em que se apresenta visivelmente a glorificação ou rapto celeste de Jesus no dia de sua ressurreição ou 40 dias depois (Lc 24,51; At 1,3-11).

Asera

Deusa da fecundidade entre os cananeus, venerada com cultos de prostituição sagrada (Mq 5,13; Jr 17,1-4; 2Rs 13,6; 18,4). Por extensão, o nome era dado tanto às imagens da divindade como aos símbolos que a representavam (2Rs 21,7; 23,4-6). Asera era representada por uma árvore ou por uma estaca sagrada.

Atos dos apóstolos

Escrito considerado continuação do *Evangelho de Lucas* e atribuído a Lucas, cuja redação supõe-se entre os anos 80 e 90. Nele se apresenta o desenvolvimento de algumas comunidades cristãs (Jerusalém, Antioquia, Cesareia, Ásia Menor) e se narram as vicissitudes de alguns personagens principais como Pedro, João, Paulo e Barnabé, os diáconos Estêvão, Filipe e Tiago *o Menor,* possivelmente parente de Jesus. Os *Atos* mostram o desenvolvimento e a difusão do Evangelho a partir do Pentecostes em Jerusalém (1,15-8,3), até Samaria e a costa da Palestina (8,4-11,18), a Antioquia (11,19-15,35) pelo território da atual Turquia, Macedônia e Grécia (15,36-19,20) até alcançar Roma (19,21-28,31). Seu tema central está na mensagem de Jesus. Pretenderam calá-lo com a morte; mas ao contrário, seus discípulos, animados pelo Espírito e apesar das perseguições (4,2.33; 5,42; 17,5.13.18), encarceramentos e com dinamismo missionário, o difundem muito além das fronteiras da Palestina, fazendo novos discípulos e colocando as bases para uma comunidade universal que começa nas comunidades locais (5,11; 7,38; 11,26) que dão a pauta para o que se deve viver em toda parte de acordo com a intenção e a palavra de Jesus (2,46; 4,32-35; 5,12-16; 11,29; 20,35).

Azazel

Nome de um demônio, sátiro ou númeno, que habitava no deserto e a quem se destinava um bode que se supunha levava os pecados do povo na festa da expiação (Lv 16).

Azeite

Dada sua abundância no Oriente Médio, serviu como objeto de uso comum e religioso. No primeiro caso era utilizado para iluminação, alimentação, medicamento, objeto de comércio e para cuidado do corpo na forma de sabão, perfume e bálsamo. Seu uso religioso estendia-se às unções de reis e sacerdotes (misturado com outros aromas), oferenda para o santuário, combustível para sua iluminação, dízimo e outros usos de purificação ritual (1Rs 1,32-40; Êx 29,2.23; 30,23-26; Est 2,12).

Baal

(*"Senhor", "Dono"*). Nome da divindade principal masculina entre os cananeus, cujos domínios se assinalavam no céu, na vegetação e no furacão, a qual atraiu os israelitas e pela qual se pretendeu substituir Javé (1Rs 18).

Balaão

Adivinho moabita convidado pelo rei Balac para lançar uma maldição sobre os hebreus que atravessavam seu território. Balaão acabou bendizendo-os (Nm 22-24). O Novo Testamento apresenta-o como sinônimo e tipo dos erros que destroem a comunidade (2Pd 2,15; Jt 11; Ap 2,4).

Banquete

Sinal de abertura, participação e hospitalidade. O banquete se coloca na esfera da festa; é momento comunitário e sagrado. A Bíblia se serve dele para celebrar eventos importantes.

Banquete messiânico. É um sinal dos tempos messiânicos que inauguram o reinado de Deus (Is 25,6; Mt 22,1-10; 25,1-13; Ap 3,20). A eucaristia alude a ele.

Barba

Servia para identificar o ancião. Além de ser elemento e sinal de virilidade, o era também de maturidade, sensatez, segurança, autoridade, sabedoria e humanidade plenas. O que se fizesse com ela podia indicar desonra, loucura, sofrimento e respeito de ou para seu possuidor (1Sm 21,14; 2Sm 10,4-5; 20,9; Ez 24,17; Is 7,20).

Barnabé

(*"Consolador"* ou *"O que exorta"*). Levita generoso, originário de Chipre, companheiro de Paulo em algumas de suas viagens. Possivelmente foi o fundador da comunidade de Antioquia e um de seus personagens eminentes (At 4,36-37; 11,19-26; 13-14).

Barrabás

(*"Filho do pai"*). Chefe de um bando, encarcerado por causa de um homicídio, anteposto e preferido pelo povo durante o julgamento de Jesus feito por Pilatos (Mt 27,16-26; At 3,14).

Bartolomeu

(*"Filho de Tolmay"*). Apóstolo de Jesus Cristo, próximo de Filipe e identificado ordinariamente com Natanael (Mt 10,3; Jo 1,45-50).

Baruc

(*"Bendito"*). Companheiro, escriba e representante do profeta Jeremias. Escreveu os oráculos e os dados biográficos do profeta; participou de seus sofrimentos (Jr 32; 36,4.18; 43) e recebeu para si mesmo uma palavra salvífica (Jr 45,2-5).

Livro de Baruc. Atribui-se ao companheiro de Jeremias e vem catalogado como escrito deuterocanônico. Contém uma oração penitencial, um elogio à sabedoria e uma mensagem de restaura-

Bastão / 31

ção, precedidos por um preâmbulo histórico (Br 1,15-3,8; 3,9-4,4; 4,5-5,9). Costuma-se agregar a ele como capítulo sexto a chamada *Carta de Jeremias*. Ver: *Deuterocanônico; Jeremias*.

Basan

(*"Planície fértil"*). Altiplano da Jordânia, abundante em pastos e gados, considerado símbolo de abundância mas também de arrogância (Dt 32,14; Sl 22,13; Am 4,1). Uma tradição acreditava que fosse habitada por gigantes, um de cujos reis foi vencido por Israel (Dt 3,11; Js 13,29-31).

Bastão

É meio de defesa quando se está a caminho, apoio na velhice ou na doença, instrumento de correção em mãos do pai para os filhos e distintivo do pastor que cuida do rebanho. Aparece sob as formas do báculo, do cetro, do bastão como tal, da haste e da simples vara, e é sinal de autoridade, poder, dignidade e decisão. Entre os mais antigos, a Escritura menciona os de Jacó e Judá, talvez cheios de incisões, que assinalavam seus possuidores, ou melhor, continham os nomes de seus antepassados ou também mostravam os símbolos das tribos a que pertenciam (Gn 21,10; 38,25). Outro tipo foi o dos reis de Israel e Judá ou ainda o dos profetas, o qual se considerava carregado com uma força especial (2Rs 4,29-31). Um bastão especial foi o de Moisés. Com ele atuou para mostrar o poder de Deus e sua vontade de libertar os hebreus: transforma-se em serpente, provoca as pragas contra os egípcios (Êx 4,17; 7,9.15.17-21; 8,1; 9,23; 10,13), separa as águas do Mar dos Caniços e faz brotar água da rocha (Êx 14,16.26-27; 16,5-6). No Novo Testamento continua a utilização do bastão como sinal de proteção, poder e autoridade; por isso, Jesus manda seus discípulos levá-lo durante sua missão (Mc 6,8), ou melhor, abster-se desse "sinal" e confiar só e absolutamente na palavra que levam (Mt 10,10; Lc 9,3). Por sua parte, o

"Sentado no trono" (Deus) não está provido de cetro, mas de um rolo com sete selos que devem ser abertos, e Cristo tem na mão sete estrelas, símbolos da palavra-revelação e de autoridade celeste, respectivamente (Ap 1,16; 5,1).

Batismo

(*"Banho"*, *"Imersão"*, *"Lavação"*). Rito em forma de banho ou simples ablução com que se indica a conversão, a renovação e o perdão de culpas. A tradição cristã recorda o praticado por João, anterior ao de Jesus (Mt 3,6-12); o de Jesus no rio Jordão, em forma de solidariedade com os pecadores (Mt 3,14-15); e o praticado em nome de Jesus que indica a incorporação do crente na morte e ressurreição de Cristo e sua inclusão na comunidade cristã (Mt 28,19; At 8,12.16.36.38). Ver: *Ablução.*

Batista

Apelativo de João, último profeta do Antigo Testamento e precursor de Jesus. Filho de Zacarias e Isabel, foi chamado para anunciar a próxima chegada de Jesus e seu ministério (Lc 1; Mt 3). Convidou seus contemporâneos judeus para a conversão, indicando essa mudança com um batismo no rio Jordão (Mc 1,2-6; Jo 3,23-36). Teve discípulos que difundiram tanto sua mensagem como sua ascese e o rito praticado por ele (Mt 9,14; Lc 11,1; Jo 1,35-40; At 19,1-17). Foi considerado como o profeta Elias que teria voltado de novo e também como o profeta anônimo que poria paz entre pais e filhos (Mt 11,7-14; Ml 3,1-3). Morreu decapitado por ordem de Herodes Antipas (Mc 6,17-28).

Beijo

Gesto de afeto, saudação, respeito e culto (Gn 29,13; Os 13,2; Mt 26,48-49; At 20,37; Rm 16,16), símbolo de união e homenagem.

Belém

(*"Casa do pão"* ou *"Casa do deus Lahmu"*). Povoado ao sul de Jerusalém, pátria de alguns ancestrais de Jesus (Booz, Jessé, Davi) e do próprio Jesus, celebrada pelo profeta Miqueias (Rt 1; 2,1-4; 4; 1Sm 16,1.4; Mq 5,1; Lc 2,4.11; Mt 2,5-6).

Belzebu ou Beelzebub

(*"Baal o Príncipe"* ou *"Senhor das moscas"*). Divindade fenícia que os evangelhos apresentam como "Príncipe dos demônios" (2Rs 1,2-16; Mt 10,25; 12,24.27).

Bem-aventurança

Circunlóquio sapiencial que começa geralmente com "Bem-aventurado..." ao qual segue uma promessa salvífica em bens temporais, proximidade e proteção de Deus (Eclo 25,7-10; Sl 1,1). No *Evangelho de Mateus* sobressai a primeira seção do "Sermão da montanha" que contém um grupo de bem-aventuranças (Mt 5,3-11; 13,16; Lc 6,20). Ver: *Bênção.*

Bênção

Indica a comunicação de um dom divino (vida, segurança, bens). É uma força dinâmica e quase mágica que protege o indivíduo e a comunidade, é transmitida por imposição das mãos (Gn 27; 48,12-20) e cujos destinatários podem ser o homem, os animais, a terra e o tempo (Gn 1,22.28; 2,3; Dt 28,3-5). Jesus convida a mudar a maldição por bênção e a pronuncia sobre o pão (eucaristia) e a comunidade como anúncio da salvação de Deus em ato (Lc 6,28; 22,20; 24,53; Rm 12,14). Há portadores de bênção e pessoas benditas (Gn 12,3; Nm 6,22-27; Dt 33; Lc 1,42; Mt 21,9). Ver: *Bem-aventurança.*

Benjamim

(*"À direita"*, *"Sulino"*). Filho de Jacó e Raquel, epônimo de uma tribo israelita da qual emergiram o Rei Saul e o apóstolo Paulo, e nome de uma região da Palestina (Gn 35,16-19; Js 18,11-28; 1Sm 9-10; Fl 3,5).

Bersabeia

(*"Poços dos sete"* ou *"Poço do juramento"*). Localidade ao sul da Palestina, ligada aos patriarcas Abraão, Isaac e Jacó, meta de peregrinações e limite sul do país bíblico (Gn 21,22-32; 26,23-33; 46,1-5; Jz 20,1; Am 5,5; 1Rs 19,3).

Betânia

(*"Casa de Ananias"* ou *"Casa do pobre"*). Povoado próximo de Jerusalém, residência de alguns amigos de Jesus (Mc 14,3-9; Mt 21,7), onde este devolveu a vida a Lázaro (Jo 11,1-44). Em suas proximidades ocorreu a Ascensão (Lc 24,50-52).

Betel

(*"Casa de Deus"*). Localidade entre Jerusalém e Siquém, chamada antigamente Luz, ligada aos patriarcas Abraão e Jacó e onde Deus se revelara a eles (Gn 13,14; 28,10-22; 35,1-15). Foi centro de peregrinações e residência de alguns profetas (Jz 20,18; 26; 1Rs 12,26-33; 13).

Betsabeia

(*"Rica"; literalmente: "Filha da opulência"*). Esposa do hitita Urias, seduzida por Davi, enquanto o esposo combatia por Israel. Grávida, perde o marido na batalha por desejo de Davi e, viúva, casa-se com este (2Sm 11), mas perde o filho. Novamente grávida, Betsabeia dá à luz Yedidas--Salomão que, com o tempo, foi nomeado sucessor de Davi por solicitude de sua mãe, apoiada pelo profeta Natã (2Sm 12,15-25; 1Rs 1,11-40). Ver: *Davi, Salomão.*

Betsaida

(*"Casa ou Lugar da pescaria"*). Povoado junto ao lago da Galileia, ao norte do mesmo, terra de Pedro, André e Filipe. Nela e em seus arredores Jesus realizou uma multiplicação do pão e curou um cego (Jo 1,44; 12,21; Lc 9,10; Mc 8,22-26).

Bíblia

(*"Livros"*). Conjunto de 73 escritos canônicos, inspirados e verdadeiros, divididos em Antigo e Novo Testamento, segundo se referem à história da salvação anterior ou posterior a Cristo. É conhecida também como antiga e nova Aliança, Revelação, Sagrada Escritura, Palavra de Deus, Livros santos ou inspirados. Os judeus aceitam os 39 escritos hebreus do Antigo; os protestantes estes mesmos e os 27 gregos do Novo; os católicos consideram como Escritura: os 39 livros hebreus e outros 7 em grego do Antigo Testamento, além dos 27 do Novo. Ver: *Cânon; Deuterocanônico; Inspiração; Septuaginta.*

Bispo

(*"Vigilante, Inspetor, Superintendente"*). Designa o encarregado de uma comunidade cristã, cujas funções são as de aconselhar, exortar, ensinar, repreender e corrigir (At 20,17-36). Pedem-se-lhe qualidades de serviço, disponibilidade e capacidade no desempenho das funções de administrador, pastor e mestre (Tt 1,5-9; 1Tm 3,2-7). Os textos do Novo Testamento mencionam para os anciãos e diáconos funções parecidas com as do bispo, mas sem sujeitá-los a este. Ver: *Ancião; Diácono.*

Blasfêmia

Expressão ou ato contra a honra de Deus provocada normalmente por seus inimigos (Lv 24,10-16; Is 36,14-20). Foram imputados a Jesus como blasfêmia o considerar-se Filho de Deus e o perdoar os pecados (Mc 2,7; 14,61-64; Jo 10,33-36). E também blasfêmia negar a Deus sua intervenção, interpretar mal os sinais de seu Espírito ou atribuí-los a Satanás (Mt 12,31-32).

Boca

É o órgão da fala, da mensagem, da revelação, testemunho e verdade. Enquanto cavidade, simboliza o abismo e o mistério e serve de porta por onde sai o demoníaco no homem: a mentira, a arrogância e os baixos instintos (Jr 48,28; Is 40,5; Mt 4,4; Lc 6,45). Pode comunicar, construir, enganar, negar e matar. É personificação do profeta e da lei de Deus (Êx 4,12; Sl 119,72).

Braço

É instrumento da justiça e símbolo de poder, força, socorro, proteção, atividade e criação, mas também de soberba, prepotência e maldade (Êx 6,6; Jó 22,9; 38,15; Is 52,10). O braço de Deus indica seu poder salvífico e seu julgamento (Sl 89,11; Is 53,1; Jr 32,17; Lc 1,51). Ver: *Mão*.

Cabeça

É elevação, ponto culminante e superioridade. Levantá-la é sinal de êxito ou arrogância (Sl 27,6; Gn 40,13); cobri-la é indicação de luto e humilhação (2Sm 13,19); abaná-la diante de alguém, sinal de burla e desprezo (Lm 2,15; Mt 27,39). É sinônimo da pessoa e indica início (Êx 12,2; Ef 4,15-16), superioridade (Is 19,13; Êx 6,14), autoridade e liderança (2Sm 22,44; Jz 11,8; Ef 5,23), exemplaridade (Ef 1,22; 1Cor 11,3-5) e ponto capital ou supremo (Mt 21,42).

Cabelo

São reconhecidas suas funções de proteção e beleza (2Sm 14,26; Is 3,24), enquanto a calvície é objeto de zombaria, marcação e castigo (Is 3,24; 2Rs 2,23). Cortá-lo indicava purificação e luto (Nm 8,7; Is 15,2); ungi-lo, sinal de hospitalidade (Sl 23,5; Lc 7,46); deixá-lo crescer, símbolo de força e consagração (Jz 16,17-30; 13,5; Nm 6,5). As cãs indicavam experiência e autoridade; em Deus, entretanto, estas eram sinal celeste e glorioso (Dn 7,9; Ap 1,14).

Cafarnaum

(*"Povoado de Naum"*). Localidade da Galileia na margem ocidental do lago de Tiberíades. Foi residência dos apóstolos Pedro e André, centro da primeira atividade de Jesus, cenário de seus numerosos milagres e de seu ensinamento na sinagoga do lugar (Mt 4,13; 8,5; 17,24; Mc 1,21; 2,1).

Caifás

Sumo Sacerdote (anos 18 a 36), genro de Anás, que presidiu o julgamento contra Jesus e alguns apóstolos (Mt 26,3.57; At 4,6).

Caim

Ver: *Abel*.

Calvário

(*"Lugar do crânio"* ou *"A Caveira"*). Promontório fora da antiga Jerusalém onde foi crucificado e morreu Jesus (Mt 27,32-50; Mc 15,22). O vocábulo português corresponde ao hebreu Gólgota. O que sobra dele está conservado dentro da grande Basílica do Santo Sepulcro, em Jerusalém.

Camelo

Cavalgadura comum no Oriente Médio e objeto de vistosas comparações na Escritura (Jr 2,23-24; Mt 19,34; 23,23-24).

Caminho

Além do sentido genérico de local de caminhada, tempo transcorrido nele ou o próprio percurso, a Escritura utiliza-o em sentido metafórico como equivalente ao agir humano, enquanto doutrina ou como substituto da própria vida (2Rs 2,4; Sl 1; 119,1). É também sinônimo da vontade divina em forma de mandamento, do plano ou agir de Deus (Dt 8,6; Êx 33,13; Sl 25,10; 67,3). Por sua parte, Jesus ensina que o evangelho é o caminho da salvação (Mt 7,14) e ele mesmo se define como o itinerário que leva ao Pai (Jo 14,6); Paulo acrescenta que o amor é o melhor caminho para conseguir o anterior (1Cor 12,31) e *Atos* acentua que mais que a ideia do amor em si é a vida concreta da comunidade autenticamente cristã o "caminho" que pode levar os homens a Deus (At 9,2; 19,9; 22,4; 24,14).

Caná

(*"Cana carriço"*). Localidade da Galileia a 14 quilômetros de Nazaré, terra de Natanael a quem a tradição identifica com Bartolomeu (Jo 1,43-50). Jesus realizou aí a conversão da água em vinho e a cura do servo de um militar (Jo 2,1-11; 4,46-54).

Canaã

Ver: *Palestina*.

Cântico dos cânticos

Florilégio de cantos pastoris e poemas amorosos do Antigo Testamento, atribuído a Salomão. Foi interpretado como evocação da aliança entre Deus e Israel, entre Cristo e sua Igreja ou do amor místico entre Deus e o crente. Outra interpretação naturalista o tem interpretado como sublimação do amor humano. Ver: *Matrimônio*.

Cara ou Face

De acordo com a antropologia bíblica, todos os viventes têm cara ou face (animais, homens, Deus), pois com ela expressam seus sentimentos, atitudes, caráter e personalidade. Escondê-la de alguém indica desagrado e desaprovação (Sl 102,2); levantá-la, hostilidade (Jr 21,10); fazê-la brilhar (= sorrir), benevolência (Nm 6,25). Representa a própria pessoa ou marca sua presença (Gn 4,16; Sl 13,2; 42,6; Jo 12,45; Mt 18,10). Simbolicamente, a face (cara) é o mistério de seu portador (manifesta, fala, vivifica e seus contrários) e recebe os atributos que correspondem àquele.

Caridade

É o amor em perspectiva bíblica e cristã. Vai do afeto à relação mais profunda com Deus e com o próximo, e da tolerância ao compromisso mais radical. Aparece como o móvel (a causa) da salvação (Sl 18,20; Jo 3,16), ordem (Lv 19,18), repreensão (Pr 3,12). É atributo divino (1Jo 4,8) e chega a converter-se em epíteto de Cristo e dos crentes (Mt 3,17; Rm 1,17; At 15,25).

Carisma

(*"Presente"*, *"Graça"*). Dom que Deus concede a todos ou a algumas pessoas em particular para benefício de sua comunidade, como no caso da profecia e do ensino (Rm 1,11; 12,6; 1Cor 12).

Carmelo

(*"Jardim, horto"*). Montanha e cadeia montanhosa a noroeste da Palestina, centro de antigos cultos pagãos (1Rs 18), símbolo de fertilidade por sua abundante flora (Is 35,2; Ct 7,6), cenário de alguns feitos de Josué (Is 12,22) e residência de Elias e Eliseu (1Rs 18,19; 2Rs 4,25).

Carne

Na antropologia bíblica indica o efêmero e o humano em contraposição ao divino; é o corpo humano ou cada uma das suas partes, o parentesco e a humanidade ou também a exterioridade, limitação, transitoriedade, impotência e pecaminosidade humanas. Não se opõe à alma nem é o material no homem, mas tão somente uma das formas em que este se manifesta (Is 40,6-8; 66,23; Sl 63,2; Jo 3,6; Rm 1,3-4; Ef 5,29; Mt 26,41).

Cartas Católicas

São chamados assim sete escritos epistolares do Novo Testamento por não terem destinatários específicos e por serem apresentados à maneira de circulares. São elas: *Tiago; 1 e 2 Pedro; 1, 2 e 3 João; e Judas.*

Cartas do Cativeiro

São escritos dirigidos aos *Efésios*, aos *Filipenses*, aos *Colossenses* e a *Filêmon* pelo apóstolo Paulo, enviados da prisão.

Cartas Pastorais

Três escritos de Paulo dirigidos aos pastores ou chefes de comunidades: Timóteo e Tito, nos quais lhes indica orientações e diretrizes de ação: *1 e 2 Timóteo, Tito.*

Cativeiro ou Exílio

É assim chamado o período de desterro de alguns judeus na Babilônia, aproximadamente entre os anos 598 e 536 a.C., e interpretado como tempo de castigo, prova, maturação e crise de fé.

Cedron

(*"Sombrio ou confuso"*). Vale que dividia a antiga Jerusalém do Monte das Oliveiras e que vai terminar no Mar Morto. Foi utilizado como local onde se jogava o lixo nos tempos bíblicos (2Rs 23,4-12) e depois denominado "Vale de Josafá" no século IV da era cristã, sendo identificado com outro do mesmo nome citado pelo profeta Joel, considerado lugar do julgamento de Deus sobre os povos (Jl 4,2.12) e chamado também Vale da decisão (Jl 4,14).

Cenáculo

(*"Lugar para comer", "Refeitório"*). Sala superior de uma casa localizada no Monte Sião, na qual Jesus celebrou sua última ceia com seus discípulos antes de sua morte. Aí apareceu-lhes

42 / Centurião

ressuscitado e possivelmente no mesmo lugar eles receberam o Espírito Santo no Dia de Pentecostes (Mc 14,14-15; Lc 24,33; At 1,13).

Centurião

Oficial romano encarregado de cem militares. Diversos centuriões se relacionaram com Jesus e os apóstolos (Mt 8,5; Mc 15,39.44-45; At 10,1.22; 21,32).

Cesareia

(*"A Imperial"*). Nome de uma cidade construída por *Herodes, o Grande*, na costa mediterrânea, 38 km ao sul de Haifa, e de outra edificada por seu filho Filipo nas fontes do rio Jordão (Mt 16,13-20). A primeira foi evangelizada pelo diácono Filipe e visitada por Pedro e Paulo (At 8,40; 10; 21,8; 23,23-35). Nas proximidades da segunda, Pedro confessou o messianismo de Cristo (Mc 8,27-30).

Céu

Por sua infinitude é sinônimo de altura, grandeza, eternidade e meta da aspiração humana. É a habitação de Deus, de sua corte de anjos e morada dos bem-aventurados (Sl 115,16; Mt 3,12; 5,15.45). Substitui o nome divino (Mt 11,24.31.33.44.47) e é símbolo da novidade suprema querida por Deus (Is 65,17; 66,22; Ap 21,1). É chamado com diversos nomes: Seio de Abraão (Lc 16,22), vida eterna (Mt 7,14; 19,16.29; 25,46), Reino ou reinado de Deus (Lc 23,42), paraíso (Lc 23,43), Jerusalém celeste (Ap 21-22).

Choro

As lágrimas são expressão de dor, angústia e dó e se reforçam com o grito (Gn 23,1; 37,35; 50,3; Jr 8,23; 31,15; Sl 6,7; Ap 21,4). "Pranto e ranger de dentes" indicam cólera, desespero e impotência (Mt 8,12; 13,42.50; 25,30).

O choro também é sinal de ternura, compaixão e lástima (Jr 9,18; 13,17; 22,10; Lc 19,41; Jo 11,35) e se está unido à oração resulta em piedade pura e elevada (Jz 20,26; 1Sm 1,10-18; Zc 7,5; Hb 5,7).

Chave

Sua função de segurança, autonomia e impenetrabilidade foi completada com outros aspectos simbólicos. Era considerada sinal de poder, domínio e autoridade (Ap 1,18; 9,1; 20,1); de liderança, liberdade, ação e decisão (Is 22,22; Mt 16,19; Ap 3,7); além de sinal do saber (Lc 11,52), da iniciação elitista e, consequentemente, de iluminação, mistério e conhecimento esotérico (Lc 11,52; Mt 23,13; At 17,3).

Chifre ou Corno

Instrumento de defesa nos animais, depois utilizado no culto como recipiente de azeite para as unções (1Sm 16,1.13), instrumento musical para reunir a comunidade (Êx 19,16-19; Lv 25,9; Is 6,4-20) e nome para designar hastes salien-tes do altar, cornijas (Êx 27,2; 29,12). Simbolicamente, indicava a força, o orgulho e a prepotência (1Sm 2,10; Ez 29,21; Lc 1,69), mas também salvação, segurança e prosperidade (Sl 18,3; 1Sm 2,1).

Chuva

É um dom celeste, ponte benéfica entre o céu e solo, bênção e meio de fecundação que faz germinar a vida na terra. Aplicada como metáfora da salvação, da palavra divina, da graça e do próprio Deus que salva (Sl 72,6; 85,12; Is 45,8). As chuvas catastróficas em forma de dilúvio de água ou de fogo são sinônimos de castigo (Gn 6,8; 19,24; Lc 17,29).

Cinza

É símbolo de destruição, do transitório e frágil. É utilizada como sinal de conversão quando colocada sobre a cabeça ou quando se senta sobre ela para indicar penitência, tristeza, luto ou súplica (Gn 3,19; Is 61,3; Jó 2,8; 42,6; Jo 3,6; Ez 27,30). Em sentido positivo é símbolo de fogo e fogo concentrado.

Circuncisão

Corte do prepúcio nos varões com fins higiênicos e religiosos de iniciação. O povo bíblico adotou-a como sinal de aliança e fidelidade a Javé, atribuindo sua origem a Abraão e Moisés (Gn 17,9-14; Êx 4,25-26; Lv 19,23; Dt 10,16). Embora praticada em Jesus (Lc 2,21), os cristãos decidiram excluí-la de suas práticas religiosas (At 15,5-21; Gl 5,2.6; 6,15) e falaram de outra não carnal, mas espiritual, sinônimo de conversão (Fl 3,3; Cl 2,11).

Citações bíblicas

Menção literal de frases de um escrito bíblico. O conceito é atribuído particularmente às passagens do Novo Testamento que repetem outras do Antigo e que aparecem precedidas ou seguidas de alguma circunlocução especial: "Como diz a Escritura ou o profeta...", "Como está escrito...", "Para que se cumprisse o que foi dito por...". Do Antigo Testamento, o *Livro dos Salmos* é o mais citado; e o *Evangelho de Mateus* é o que cita mais passagens do Antigo.

São uma combinação das siglas dos escritos bíblicos e números que indicam o capítulo do livro em questão e do versículo ou parágrafo deste:

Ap 3,9   *Apocalipse:* capítulo 3, versículo 9

Am 1,4s.   *Amós:* capítulo 1, versículos 4 e seguintes

Conhecimento / 45

Ef 2,5-8	*Efésios:* capítulo 2, versículos de 5 a 8
Is 3,7-4,4	*Isaías:* do capítulo 3, versículo 7 ao capítulo 4, versículo 4
Mt 5,3.8	*Mateus:* capítulo 5, versículos 3 e 8
Os 1-4	*Oseias:* capítulos 1 a 4
Sl 2,6; 3,7	*Salmos:* segundo, versículo 6 e terceiro, versículo 7
Gn-Nm	De *Gênesis* a *Números*

A tradição protestante usa comumente o termo *Revelação* em lugar do grego *Apocalipse* e dois pontos (:) entre capítulo e versículo:

Rev 3:9 *Revelação:* capítulo 3, versículo 9

Colossenses

Cristãos habitantes de Colossos aos quais Paulo dirigiu uma carta (possivelmente entre os anos 61 e 63), motivando-os a evitar especulações religiosas de ordem filosófica, legalismo ascético e a centrar sua fé em Cristo através de uma conduta impecável em todos os níveis. O escrito que lhes envia desenvolve, fundamentalmente, os temas de Cristo e de sua Igreja.

Comunhão

Posta em comum, participação ou união em nível de fé que inclui solidariedade no uso dos bens terrenos (At 2,44; 4,32), encontro no culto eucarístico (1Cor 10,16-21), identidade na mesma fé (Fl 3,10; 2Cor 13,13; 1Jo 1,3) e participação na natureza divina (2Pd 1,4).

Conhecimento

Mais que compreensão intelectual de dados, assimilação de notícias ou reflexão, é um saber e um experimentar, uma relação íntima entre conhecedor e conhecido que pode chegar à experiência sexual, um discernimento e um reconhecimento (Gn 3,7; Jr 31,34; Os 4,1-2). Pode-se conhecer a Deus, mas melhor se é conhecido por ele no amor. Em outras palavras: conhece quem ama (1Cor 13,2.12; Jo 13,35; 1Jo 3,16.19; 4,16).

Conversão

É mais que uma mudança de opinião e de conduta, pois o termo bíblico inclui a reorientação e a resposta incondicional de toda pessoa a Deus. Este convida ao retorno e o homem expressa-o em seu arrependimento, penitência e mudança total (Jr 31,18; Lm 3,21; Zc 3,1). Essa foi uma das mensagens essenciais dos profetas (2Sm 12,18; Jr 31,31-34; Lc 3,7-14). Jesus proclama a conversão e suas consequências e pede o mesmo a seus discípulos (Mt 4,17; 6,12; Lc 24,47).

Coração

É considerado sede de todos os aspectos emocionais, intelectuais e volitivos da pessoa. Por isso, compreende tanto o conhecimento quanto o pensamento, a intenção, a vontade, a consciência, a memória, a razão e o juízo humanos (Sl 21,3; 22,15; 25,17; Dt 29,3; Is 6,10). É também símbolo do oculto, do radical e do definitivo e sinal do profundo e misterioso (Pr 16,9; 30,18-19). É o órgão de resposta a Deus e o eixo de sua conversão (Jr 31,33; Ez 36,26; Mt 11,29; 1Jo 3,19-21).

Cordeiro

Animal doméstico e símbolo de docilidade e inocência, o cordeiro foi utilizado para os sacrifícios, particularmente o pascal (Ez 12). O Novo Testamento desenvolveu em torno dele o tema do sacrifício de Cristo (1Cor 5,7; 1Pd 1,16; Jo 1,29.36; 19,36), que redime o homem e liberta-o de seu pecado (Is 53,7; At 8,32; Jo 1,29). Para o *Apocalipse*, Cristo é o cordeiro degolado que voltou à vida, senhor da história e guia da comunidade até sua boda escatológica na glória (5,6-13; 7,9-17; 14,1-5; 19,6-9).

Cores

O cromatismo desempenha uma função de sinal e reforço ao epifânico na Escritura, particularmente nos escritos apocalípticos. O branco indica a revelação em si mesma, o sacro, o divino e é sinônimo de harmonia, pureza e transcendência (Dn 7,9; Mc 9,3; Ap 4,3; 19,11). O preto é, ao contrário, uma anticor, sinal do caos, do negativo, da noite, do inframundo e da morte (Am 5,18.20; Sf 1,15; Jr 2,2). O vermelho alude à violência, ao castigo, à destruição e também ao martírio e ao amor (Ap 6,4; 17,4.6). O azul lembra o céu e o mundo divino (Ez 1,26-28). A síntese das cores, o arco-íris, costuma aparecer como símbolo de paz e do Criador que tudo ordena (Gn 9,13; Ez 1,28; Ap 4,3).

Coríntios

Há duas cartas aos habitantes cristãos de Corinto que Paulo lhes dirigiu, mas segundo dados das mesmas foram quatro, pelo menos (1Cor 5,9; 2Cor 2,4; 7,8). Na primeira, o apóstolo intervém nos problemas dos coríntios e responde às dificuldades que se lhes apresentam: divisões na comunidade (1,10-4,21), o caso do incestuoso (5,1-13), o recurso aos tribunais pagãos (6,1-1 1), o tema da fornicação (6,12-20), matrimônio e virgindade (7), a comida de carne oferecida aos ídolos (8,1-11,1), a conduta nas assembleias (11,2-14,40), a ressurreição (15) e outras recomendações (16). Na segunda, Paulo defende seu apostolado, sugere-lhes que sejam caritativos para com os cristãos de Jerusalém e os convida a rever sua conduta. Entre as partes mais belas estão os esclarecimentos do apóstolo sobre os carismas e seu conhecido hino ao amor (1Cor 12-14).

Corno

Ver: *Chifre.*

Corpo

Designa a pessoa, seu corpo vivo ou a exterioridade que permite ao homem expressar-se e pôr-se em relação com seus semelhantes (Sb 9,15; Rm 6,12; 1Cor 6,13-20). São Paulo utiliza o corpo como imagem da unidade, da comunidade cristã e da relação entre os crentes e Cristo (Rm 12,5; 1Cor 10,17; 12,12-30; Ef 4,12).

Criação

A acepção tardia "tirar do nada" (2Mc 7,28) foi precedida por outras concepções similares às de outras culturas antigas: ordenação do caos (Gn 1,1-2,4; Sb 11,17), chamada à existência (Sb 11,25), luta contra monstros míticos (Is 27,1; 51,9; Sl 74,13-14; 89,11; Jó 26,12-13), ou ainda como a ação de um beduíno ao armar sua tenda, a de um oleiro ao modelar um jarro ou a de um pedreiro que constrói uma casa (Gn 2,7-8; Is 40,22). Mas a forma bíblica mais fecunda é aquela que a concebe como salvação da opressão, isto é: a formação de um povo novo (Is 43,15; 45,7-11; Sb 19,6). O Novo Testamento acrescenta que Jesus é o fim da criação (Jo 1,1; 1Cor 8,6; Cl 1,15-17; Ap 3,14) e que os crentes renovados pelo Espírito se orientam para uma nova criação (Rm 8,18-22; Ap 21,1-5) e já formam parte dela (2Cor 5,17; Gl 6,15).

Crônicas

Os dois últimos livros do catálogo hebreu do Antigo Testamento que contêm a história de Israel desde as origens até o retorno do exílio e cujo nome se deve a São Jerônimo. Crê-se que ambos os escritos são a primeira parte de uma grande história que continua com *Esdras* e *Neemias.* Em seu conjunto, *Crônicas* seguiram de perto *1* e *2 Samuel, 1* e *2 Reis* e outros escritos perdidos de corte profético. Como a obra dá muita importância aos levitas (funções e hierarquia), supõe-se que um destes foi seu autor pelo ano 300 a.C.

Cruz

Um simples poste ou dois madeiros cruzados, a cruz foi empregada como instrumento de suplício em diversos povos e é mencionada em várias literaturas antigas como as do Egito, da China, da Pérsia, de Israel, de Roma e do México (Dt 21,22-23; Gl 3,13; Mt 27,40-42). Por outro lado, a cruz, junto com o círculo e o quadrado, é um dos símbolos fundamentais, sinal de orientação celeste, síntese universal e figura ascensional. São conhecidas a cruz egípcia, com uma argola (semelhante à casa de botão) em lugar do braço superior (sinal de vida); a cruz gamada, símbolo do sol, do movimento e da bem-aventurança; a cruz grega, bússola do cosmos e sinal de perpetuidade; a cruz em forma de *tau* ou de Santo André (xis latino); e a de Santo Antônio (sem o traço superior), entre outras. Depois da morte de Cristo nela, veio a significar sacrifício, salvação, fé, reconciliação, seguimento de Jesus, mais além, vértice da revelação, fonte de vida e talismã que protege do mal (Gl 5,24; 6,14; 1Pd 2,24; Cl 1,20; Ef 2,14-18; Jo 3,14-15; Mt 10,38).

Crucificação de Jesus. Realizou-se por razões políticas segundo o regime romano (prévio julgamento e flagelação), respeitando costumes judeus (fora da cidade, não deixando o cadáver exposto). Os cristãos atribuíram-na ora aos romanos ora aos judeus (Mc 15,15; At 3,13-15), aduzindo razões polêmicas e apologéticas, mas deslizando o acento teológico para o plano de Deus e cumprimento da Escritura (At 2,23; Jo 12,33; Is 53).

Dalila

(*"A Débil"*, *"A Pobre"*). Mulher filisteia amada por Sansão. Enganou-o e entregou-o aos filisteus, revelando-lhes que a cabeleira era o segredo da força de seu marido (Jz 16,4-22).

Dan = Dã

(*"Juízo"*). Filho de Jacó e epônimo da tribo e território do mesmo nome (Gn 30,1-6). A tribo emigrou no século XI a.C. para a fronteira norte de Israel (Jz 17-18; 2Sm 3,10). Dela saiu o juiz herói Sansão (Jz 13-16) e na cidade do mesmo nome Jeroboão I construiu um santuário (1Rs 12,28-29; Am 8,14).

Dina. Feminino de Dã; foi irmã dos doze patriarcas, filhos de Jacó. Foi violada por Siquém e vingada por Simeão e Levi (Gn 30,21; 34).

Daniel

(*"Deus é juiz"*). Herói popular e um tanto mítico na antiguidade semita (Ez 14,14-20; 28,3). Tinha o mesmo nome um piedoso jovem deportado para a Babilônia com outros companheiros, ao qual se dá o nome de Baltasar e a quem se atribui o livro homônimo (Dn 1,3-21).

Livro de Daniel. Escrito sapiencial e apocalíptico trilíngue (hebreu, arameu, grego), que reúne um conglomerado de narrações (Dn 1-6) e visões (7-12) ocorridas nos reinados de Nabucodonosor (Dn 1-4), Baltasar (5 e 7-8), Dario, *o Medo* (6 e 9), e Ciro, *o Persa* (10-12). O texto grego (*Septuaginta*) acrescentou outros relatos: "A história de Susana", "Bel e o dragão" e "Libertação da cova dos leões" (Dn 13-14).

Davi

(*"O Amado"*, *"Bem-amado"*). Segundo rei em Israel e fundador de uma dinastia entre os séculos XI e VI a.C. Foi chefe de um bando, oficial do rei Saul, guerreiro destacado e herói nacional ao vencer o filisteu Golias. Transformou Jerusalém em centro religioso e político e em capital de seu império. Seus dotes poéticos e musicais o converteram no protótipo dos salmistas e sua fé, em figura do Messias. A partir de seu adultério com Betsabeia e das críticas que lhe fizera o profeta Natã, teve problemas em sua família (1Sm 16-2Sm 24; 1Rs 1,1-2,11).

Débora

(*"Abelha"*). Juíza e profetisa em Israel. Conseguiu reunir sob o comando de Barac militares de várias tribos (Zabulon, Neftali, Issacar, Manassés e Benjamim) para enfrentar e vencer os cananeus (Jz 4-5). É a segunda profetisa citada na Escritura, à qual seguiram várias outras (Maria: Êx 15,20-21; Huldá: 2Rs 22,13-20; Noadias: Ne 6,14; uma falsa profetisa sem nome: Ne 6,4; Ana: Lc 2,36-38 e as filhas do diácono Filipe: At 21,9).

Decálogo

(*"Dez palavras"*). Conjunto de oito proibições e dois preceitos que Deus entregou a Moisés para o povo no Monte Sinai e que têm caráter religioso e moral (Êx 20,1-17; Dt 5,6-21). Os mandamentos foram divididos a princípio com algumas ligeiras mudanças e por fim segundo três tradições: a judia, a católico-luterana e a ortodoxo-protestante. Jesus resumiu seu conteúdo no duplo mandamento do amor a Deus e ao seu próximo, que na realidade não é mais que um: "Amar a Deus no próximo" (Mt 22,34-40; Mc 12,28-34; Jo 13,34-35; 15,12-17; Lc 10,26-27).

Decápole

(*"Dez cidades"*). Confederação de dez cidades helenistas situadas nas proximidades do lago de Tiberíades e ao norte da atual Jordânia: Ecitópolis ou Vetsã, Pela, Gádara, Dion, Hipos, Filadélfia ou Amã, Gerasa, Kanata, Damasco e Abila. Ocasionalmente Jesus pregou em seu território e reuniu alguns discípulos do lugar (Mt 4,25; Mc 5,1-20; 7,31-37).

Dedo de Deus

Como a mão e o braço, o dedo é o meio com que Deus atua e, como aqueles, representa seu poder, atividade, providência, presença e salvação, em geral (Êx 8,15; 31,18). De modo semelhante, os milagres de Jesus são realizados por seu meio (Mc 7,31-37; Lc 11,14-23). Ver: *Braço, Mão*.

Demônio

(*"Númeno, espírito, gênio, diabo"*). Conceito polivalente por sua origem, desenvolvimento histórico e amplitude de significações com o qual se designa uma personalidade nefasta e hostil a Deus e ao homem, nos escritos bíblicos. É chamado com diversos nomes: *Acusador*, Satã ou Satanás (Jó 1,6-12; 2,1-7), Diabo (Sb 2,23-24), *Sedutor* (1Cr 21,1), Belial (Na 2,1; Zc 5,5-11), Azazel (Lv 16), Asmodeu (Tb 6,8-9; 8,2-3), Belzebu (2Rs 1,2-16), *Dragão* (Ap 12,9), *O Inimigo* (Mt 13,25; Lc 10,19), *O Maligno* (Mt 11,4; 13,19.38), *a Antiga Serpente* (Ap 12,3), *Príncipe dos demônios* (Mt 12,24), *Anticristo* (1Jo 4,3), *deus deste mundo* (2Cor 4,4; Ef 2,2), Luzbel ou *Anjo de luz* (2Cor 11,4). Atribuem-se-lhe atividades e maldades como o homicídio, a mentira e a tentação (Jo 8,44). O Antigo Testamento manifesta a autoridade definitiva e total de Deus a respeito desta potência maléfica (Gn 3,14-15; Jó 1,6-12) e, no Novo, Jesus é apresentado combatendo com ele, expulsando-o e dando uma mensagem para terminar com seu poderio (Mt 4,1-11; Lc 4,13.41; 6,18; 7,21; 22,3.53).

Endemoninhados. É chamado assim o possuído ou possesso por algum espírito. Como na antiguidade não se distinguia suficientemente entre maldade e causa da enfermidade, esta era considerada atividade e presença daquele, como no caso da surdez, da mudez ou da epilepsia (Mc 1,24; 5,1-20; Mt 17,14-21; Jo 9). Enquanto os judeus recorriam a exorcismos, Jesus diz sua palavra salvífica, cura o enfermo e dá poder a seus discípulos para fazer outro tanto como parte indispensável de sua missão (Mt 10,8; 17,14-19; At 5,16; 8,7; 16,16-18).

Descanso

Tema bíblico que aparece ligado ao da criação e em apoio ao dia sétimo, sábado (Gn 2,2-3). O tema ampliou-se e foi entendido como entrada na terra prometida (Sl 95,11; Dt 12,9; 1Rs 8,56) ou libertação dos inimigos (Js 21,44-45). O Novo Testamento interpretou-o como paz messiânica, ingresso na glória e participação no reinado de Deus mais que tempo de ócio ou ocasião para recuperar as forças (Hb 3,7-4,11; Mt 11,28-29; Ap 14,13). Ver: *Domingo, Sábado.*

Deserto

Israel experimentou vivamente a realidade do deserto como território e fronteira. Este significou para ele o oposto à terra prometida onde "corre leite e mel" e por isso concebeu-o como lugar de prova e abandono, de perigo e desastre, de horror e morte; habitação de espíritos maus; espaço caótico, sem vida e símbolo do xeol (*sheol*) ou mundo dos mortos; lugar afastado, maldito e de refúgio para criminosos como Caim (Gn 4,10-16; Lv 16,10; Êx 17; Is 13,21; Mc 1,12; Mt 4,1-11). Positivamente, o deserto era considerado como o lugar idílico para viver de graça e bênção, em liberdade e em silêncio para escutar Deus longe do "ruído mundano" (Os 11,1-4; Êx 16; 19-24). Os profetas falavam de sua transformação em paraíso para os tempos messiânicos (Os 2,16-25; Ez 47,1-12; Mc 1,13; 6,30-34; Lc 1,80). Assim, pois, o deserto encerra um sentido de solidão e silêncio que amadurecem a fé; é terra de êxodo e símbolo do passageiro que impele tanto à renúncia e à recordação como à paciência e ao descanso (Sl 95; Hb 3,7-19).

Deus

Como todos os povos religiosos, Israel considerou e invocou a Deus enquanto fundador, guia, doador de bem-estar ou castigo de acordo com suas ações e salvador em seus desastres. Isto levou-o a ser representado como o Deus Único (Dt 6,4-5) e Deus de seus pais (Êx 3,6); recebeu a revelação de seu próprio nome (*Javé;* Êx 3,14) e o chamou como outros povos denominavam o Ser Supremo (El, Altíssimo, Criador, Senhor do céu: Gn 1,1; 5110,4; Is 57,11). Para descrever a proximidade e o interesse de Deus pelo mundo e suas necessidades, atribuiu-lhe qualificativos e sentimentos humanos, não porque o considerasse um homem ou super-homem, mas porque não tinha palavras nem maneira para chamá-lo de outro modo (Jd 9,11). Os principais títulos que lhe atribuíram foram: Senhor (Êx 23,17; Mq 4,13; Dt 10,17), Rei (Is 6,5; Sl 24,7-10; 93,99), Pai (Jr 3,4; Is 63,16; 64,8; Ml 1,6); e entre seus atributos sobressaíram: Santo (Is 1,4; 5,19.24; 6,3), Misericordioso (Êx 34,6; Nm 14,18), Justo (Sl 7,12; 31,2-3; 85,11-14) e Zeloso (Êx 20,4-5). Para descrever sua presença, mistério e proximidade, Israel utilizou os conceitos Anjo de Javé, Palavra, Glória, e Rosto, Braço ou Mão de Deus (Jz 6,22; Sl 19,2; 33,9; Gn 32,31; Êx 6,6). O Novo Testamento herda princípios parecidos, mas a revelação de Deus em Jesus torna-se mais clara: Deus é Pai (Mt 6,4.9; 11,25-26; Rm 8,16; Gl 4,6) e seu Filho Jesus é o Enviado e o Emanuel ("Deus conosco": Mt 1,23; Rm 1,3-4; Cl 1,15).

Deuterocanônico

(*"Pertencente a um segundo cânon"*). Denominação imprópria introduzida pelo ano 1550 por Sisto de Siena para qualificar sete escritos do Antigo Testamento que não estão no texto hebreu ou massorético (tradicional), mas no grego (*Septuaginta*): *Tobias, Judite, Sabedoria, Eclesiástico ou Sirácida, Baruc* (incluindo a *Carta de Jeremias:* Br 6), *1* e *2 Macabeus*. Por extensão, o apelativo é atribuído também a outros sete escritos do Novo Testamento que demoraram algum tempo para serem considerados canônicos (*Hebreus, 2* e *3 João, 2 Pedro, Tiago, Judas e Apocalipse*). Pedaços menores do Antigo (Est 10,4-16,24; Dn 3,24-80; 13-14) e do Novo Testamento (Mc 16,9-20; Lc 22,43-44; Jo 7,53-8,11) recebem ordinariamente idêntico qualificativo. Embora impróprio, o termo não atenta contra a verdade, inspiração e cânon dos textos em questão, embora a tradição protestante prefira utilizar para os sete escritos do Antigo Testamento o qualificativo "apócrifos".

Dêutero-Isaías

(*"Segundo Isaías"*). Nome dado a uma seção *do Livro de Isaías*, acrescentada ao mesmo por redatores posteriores (Is 40-66 ou melhor Is 40-55). Os que preferem a segunda opção (Is 40-55) falam de um Trito-Isaías para os últimos capítulos (Is 56-66).

Deuteronômio

(*"Segunda Lei"*). Último escrito do Pentateuco no qual se apresenta a aliança entre Deus e seu povo em forma de discursos (Dt 1,1-4,44), exortações (4,45-11,32), reflexão teológica sobre o passado, mas acomodada aos tempos do autor ou autores (12-26), cerimônias do pacto (27-28) e testamento de Moisés (29-34). O interesse teológico do escrito centra-se na unicidade: Deus é o único Senhor de Israel (6,4-9) e este foi escolhido como propriedade exclusiva de Deus, viverá numa terra especial e terá uma só lei e um único templo no qual deve dar culto a seu Senhor.

História deuteronomista. Chama-se assim a história bíblica que aparece nos escritos de *Josué, Juízes, 1* e *2 Samuel, 1* e *2 Reis,* aproximadamente da "entrada na Palestina" ao exílio (séc XII-VI a.C.). Seus autores receberam o nome de "profetas deuteronômicos ou deuteronomistas" como a tradição que transparece tanto no *Deuteronômio* como nos escritos mencionados.

Diabo

Ver: *Demônio.*

Diácono

(*"Servidor"*). Cargo assistencial conferido a sete pessoas pelos apóstolos para remediar dificuldades concretas: Estêvão, Filipe, Prócoro, Nicanor, Timão, Pármenas e Nicolau (At 6,1-6). Num segundo momento, eles iniciaram a pregação entre pagãos com sinais e milagres (At 6,8-7,5; 8,26-40; 21,8-9). Diáconos e diaconisas houve também nas comunidades paulinas (1Tm 3,8-13; Rm 16,1). Num princípio não eram inferiores em hierarquia aos presbíteros ou anciãos, mas prestavam um serviço específico na comunidade cristã.

Dia do Senhor

Frase, tema e concepção bíblicas que aludem ao momento definitivo da história no qual Deus se manifestará como Senhor. Inicialmente, a circunlocução aplicava-se a dias específicos do passado nos quais Deus libertara seu povo (Js 7,8; 10,12-14; Os 9,7). A partir de Amós começa-se a falar de um dia futuro de castigo para os presumidos (Am 2,16; 3,14; 4,2; 5,18). Escritos posteriores descrevem esse momento como ocasião de clamor, medo e trevas (Is 2,11; Sf 1,14-15; Jr 30,5-7) e também como um cataclisma cósmico, espécie de volta ao caos primordial (Jl 1,15; 3,3-4; Ml 3,19-23). O Novo Testamento assume alguns elementos deste enfoque, mas se fixa mais no dia do Senhor ao final da história (parusia), inaugurado por Cristo com sua ressurreição e celebrado no domingo cristão (At 20,7; Mt 28,1; Ap 1,10). Ver: *Domingo, Hoje, Juízo final.*

Diáspora

(*"Dispersão"*). Situação das comunidades judias no estrangeiro primeiramente concebida como castigo, depois como ocasião para difundir o conhecimento de Deus entre os pagãos (Is 60; Zc 8,20-23; Jo 7,35; At 11,19) e, finalmente, termo teológico para qualificar a estância dos cristãos no mundo concebida como situação transitória, mas não por isso irrelevante ou carente de compromisso diante do mundo e da humanidade (Tg 1,1; 1Pd 1,1).

Dilúvio

Inundação catastrófica ocorrida nos inícios da humanidade como castigo para os rebeldes a Deus e ocasião de salvação para Noé e sua família numa barca (Gn 6,5-9,19). O texto sugere o tema da eleição divina e sua preocupação de purificar a terra com um batismo de grandes dimensões. O tema reaparece no Novo Testamento como prefiguração do julgamento divino sobre os acomodados (Mt 24,38-39) e como tipo do batismo (2Pd 2,5; 3,6).

Dinheiro

Ver: *Riquezas.*

Ditos de Jesus

Circunlóquios e frases de Jesus tomados isoladamente que de vez em quando aparecem nos evangelhos fora de contexto. Os estudiosos costumam chamá-los ditos, sentenças ou *logion* e os dividiram em: ditos sapienciais, à maneira de exortações moralizantes (Mc 4,22; 9,43-47; Mt 8,22); ditos proféticos com os quais Jesus interpreta a vontade divina e a propõe como caminho de salvação (Mc 10,29-30; Mt 5,3-12); ditos apocalípticos, expressões dramáticas sobre a salvação ou castigos escatológicos (Mc 13,7-8.12.14-20.24-27); ditos "Eu" ou cristológicos nos quais Jesus define sua autoridade messiânica e divina (Mc 8,34.38; 10,34-36.37-38); ditos normativos para a comunidade, à maneira de guias e normas de conduta (Mt 6,2-4.5-6; 23,8-10; Lc 11,2-4). Possivelmente houve alguma coleção de ditos antes dos evangelhos, a uma das quais se dá o nome de *"Fonte Q"* nos meios acadêmicos.

Divórcio

Separação jurídica dos esposos ou ruptura do vínculo matrimonial aceita no Antigo Testamento, mas negada no Novo para os seguidores de Jesus (Dt 22,19.29; Mc 10,11-12; Mt 19,1-9). São Paulo fala da separação dos esposos somente no caso de um não crente decidir separar-se de seu par cristão, situação que a tradição chamou de "privilégio paulino" (1Cor 7,10-15).

Dízimo

(*"Décima parte"*). Parte entregue ao rei (Gn 47,24; 1Sm 8,15-17), ao sacerdote ou ao santuário como tributo religioso ou contribuição para a manutenção dos ministros de culto (Lv 27; Nm 18,8.32). A este costume religioso seguiu outro de caráter social para ajudar os forasteiros, órfãos, viúvas, criados e levitas pobres (Dt 12,17-19; 14,28-29). Jesus critica sua prática literal, presunçosa e sem coração (Mt 23,23; Lc 18,12).

Domingo

(*"Dia do Senhor"* ou *"Dia senhorial"*). Dia posterior ao sábado e primeiro da semana (Mt 28,1); dia que recorda a ressurreição de Jesus e o encontro deste com seus discípulos (Lc 24,36-49; Jo 20,19-23). Lentamente se foi convertendo no dia em que a assembleia cristã comemorava a ressurreição de Jesus (At 20,7; 1Cor 16,2; Ap 1,10) e ao qual se foram agregando os traços teológicos do "Dia do Senhor" bíblico. Ver: *Dia do Senhor; Hora; Hoje.*

Doxologia

(*"Palavra de louvor ou respeito"*). Fórmula comumente utilizada no culto para celebrar a Deus e a Cristo, reconhecendo sua ação salvífica. Começa com as palavras "A Deus a glória..." (Lc 2,14; 1Tm 1,17; Ap 5,13) ou ainda "Graças a Deus..." (Rm 7,25; 1Cor 15,57; 2Cor 2,14).

Ebal

Ver: *Garizim e Ebal.*

Eclesiastes

(*"Pregador"* ou *"Presidente da assembleia"*). Adaptação grega do hebreu *Qohélet* (*Cohelet*), considerado autor do escrito sapiencial do mesmo nome e quem se autoapresenta como protagonista, conselheiro, mestre e rei (Ecl 1,2.12; 7,27; 12,8-10). O escrito parece não ter um plano determinado e tem semelhança com as notas ou diário de um pensador religioso que põe a perder com todas as seguranças os "convencidos" na fé e em investigações doutrinais sobre a condição humana, a moralidade e a vida, em geral, além de convidar ao realismo confiado do crente maduro (Ecl 2,24-26; 5,17-19; 9,7-10).

Eclesiástico

O nome deriva do uso que se dava a este escrito sapiencial do Antigo Testamento entre os cristãos nos primeiros quatro séculos da nova era. Foi traduzido do hebreu para o grego e aumentado por Jesus Ben Sirac, neto do autor, em meados do século II a.C. e, por isso, chamado também *Livro de Ben Sirac* ou Sirácida (sigla: Sir). O escrito contém uma coleção de máximas de sabedoria, cujo princípio e eixo é o "temor de Deus". Uma seção final que elogia a sabedoria e os pais (os antepassados), genuína manifestação dela (Eclo 42,15-51; 30), e um hino no capítulo 24 mostram o pensamento mais logrado pelo autor e por todo o escrito.

Éden

Ver: *Paraíso.*

Edom

(*"Terra vermelha"*). Povo e território ao sul do Mar Morto, na região atual de Israel e Jordânia. Os restos arqueológicos do lugar demonstram uma ampla cultura entre os séculos XXIII e XX a.C. No Antigo Testamento aparece como filho de Esaú, irmão de Jacó (Gn 36,1). Em diferentes ocasiões opôs-se ao Israel bíblico (Nm 20,14-21; 1Rs 11,15-17), o que lhe valeu uma inimizade tradicional (Am 1,6-11; Is 34,5-17). Nos tempos de Cristo o território estava ocupado pelos nabateus.

Efésios

Patronímico dos habitantes de Éfeso, cidade a oeste da atual Turquia, uma das mais prósperas na antiguidade clássica à altura de Alexandria, Roma e Antioquia.

Cartas aos efésios. Documento epistolar atribuído a São Paulo, escrito provavelmente entre os anos 61 e 63. À maneira de exortação circular, o documento propõe aos cristãos viver em unidade, aceitar a Cristo como cabeça e fundamento da Igreja (Ef 2,11-17; 4,12-16) e difundir a mensagem e o mistério da reconciliação (Ef 1,9-10; 2,11-22; 3,3-10).

Efod

Vestimenta sacerdotal (Êx 28; 1Sm 22,18) e também uma espécie de peitoral, útil para a adivinhação ou conhecimento da vontade divina (1Sm 23,6-9; 30,7; Jz 18,14-20).

Efraim

(*"Fértil"*). É apresentado como filho de José e irmão de Manassés (Gn 41,52), mas é mais descrito como território geográfico entre os de Benjamim e Manassés (Js 16,5-10; Jz 8,1-3; 11,16-21). Com o tempo se converteu na principal tribo guerreira (Os 11,3; Is 11,5.8-9), da qual surgiram personagens importantes como Josué, o profeta Samuel e o Rei Jeroboão.

Egito

(*"Casa do deus Ptah"*). Aparece na Escritura ligado a Israel como dominador político e cultural, ao qual esteve submetido como escravo e do qual foi tirado prodigiosamente (*Livro do Êxodo*). Teologicamente foi considerado símbolo de inimizade e terra de escravidão (Is 18-19; Jr 46; Ez 29-32), mas o foi também de refúgio, auxílio e relação pacífica, embora prevaleça o primeiro aspecto. Jesus resume a atividade de Moisés e do novo povo de Deus saindo do Egito, ao qual este havia chegado perseguido por Herodes (Mt 2,13-23).

Pragas do Egito. Série de dez sinais para o Faraó e seu povo ao impedir a libertação dos hebreus. Mais que castigos contra um povo específico, "as pragas" denotam a intervenção divina em favor de seus fiéis e expressam uma crítica à autoridade manejada abusivamente; um não redondo à prepotência do maior sobre o menor; um protesto por tudo quanto o homem faz ao homem e uma medida exemplar para quem atenta contra a liberdade do irmão. Embora estruturadas artificialmente, o texto sugere que assim como foi aniquilada uma humanidade negativa lançando-se-lhe fora do paraíso (antifamília) e eliminada outra com o dilúvio (anti-humanidade), agora se acaba com um antipovo e se propõem as bases do novo: liberdade para o serviço a Deus (Êx 7,8-11,10; SI 78,41-53; 105,24-39; Sb 16-18) e para ser um igual.

El

(*"Forte"*, *"Chefe"*, ou *"Aquele para quem se vai"*). Nome comum que os semitas deram a Deus e que inclui a noção de superioridade e elevação sobre o mundo e os homens. O nome aparece acompanhado de outros conceitos que o caracterizam: *El-Olam* ("Deus antigo ou eterno": Gn 21,33); *El-Roí* ("O Deus que me vê ou aparece": Gn 16,7-14); *El-Betel* ("O Deus que reside em Betel": Gn 35,7); *El-Shadday* ("Todo-poderoso, Onipotente, Soberano, Altíssimo ou Deus das montanhas": Gn 17,1); *El-Elyón* ("Deus altíssimo": Gn 14,18-22). O nome é usado também em nomes teóforos, quer dizer, naqueles que incluem o nome divino em sua etimologia como Abiel ("Meu Pai é El = Deus": 1Sm 14,51). Uma variante de El é *Eloah* (Is 44,8; SI 18,32).

Eleazar

(*"Deus socorreu"*). Sacerdote filho de Aarão, consagrado por Moisés, substituto de seu pai e acompanhante de Josué (Nm 3,1-4; 20,25-28; 27,18-19). Outro personagem foi um escriba martirizado nos tempos dos macabeus (2Mc 6,18-31). O nome foi muito comum (Esd 8,33; Ne 12,42).

Eleição

Tema bíblico fundamental que expressa a preferência divina por um povo, por uma pessoa, por um lugar ou por um objeto. A eleição não equivale a uma espécie de predestinação, mas à vocação com que Deus quer que uma comunidade ou pessoa lhe responda para determinada missão. O tema se destacou no *Deuteronômio* (Dt 4,20.37; Is 41,8; 44,1-2; Gn 12,1-3).

Elias

(*"Meu Deus é Javé"*). Profeta do séc. IX a.C. ao qual os *Livros dos Reis* dedicam uma seção (1Rs 17-19; 21; 2Rs 1-2). É apresentado como homem de Deus e de fogo por sua defesa do direito divino em tempos de seca, frente aos profetas pagãos, no encontro com o Senhor e em seu rapto ao céu. As tradições posteriores o consideraram escritor (2Cr 21,12-19), mensageiro e precursor do Messias (Ml 3,23-24; Lc 1,17; Mt 11,14; 17,11-13), consolador (Lc 22,43), profeta do tempo final (Lc 9,54; Zc 4,2-4; Ap 11,3-10) e resumo de todo o profetismo (Mt 17,3-4).

Eliseu

(*"Deus é salvação"*). Profeta contemporâneo de Elias, discípulo dele e guia de muitos outros (2Rs 2,1-13; 21). Aparece atuando como Francisco de Assis dos "Fioreti" e abrindo a mensagem também aos pagãos (2Rs 5; Lc 4,27). Menos drástico que Elias, Eliseu é modelo do profetismo do grupo (nabismo) e personagem político muito completo (Eclo 48,12-14).

Eloim ou Elohim

(*"Suposto plural de El: Deuses"*). Nome divino que mais aparece no Antigo Testamento e cuja forma plural tem sido interpretada como: Deus por excelência, o mesmíssimo Deus (Dt 4,35.39), talvez resto de politeísmo ou também como "O Terrível". É utilizado para designar os deuses pagãos ou ainda personalidades investidas de um poder especial ("Filhos de Elohim": 1Sm 9,6; 2Rs 4,7-9; Gn 6,2).

Emanuel

(*"Deus está Conosco"*). Nome simbólico que em algumas passagens é atribuído ao Messias (Is 8,8.10; Mt 1,23). O *Evangelho de Mateus* centra a atividade, mensagem, perspectivas e linhas de Jesus de acordo com este tema desde sua genealogia inicial até sua mensagem final (Mt 1,1-23; 28,20).

Emaús

(*"Fontes tíbias"* ou *"Na terra baixa"*). Localidade da Judeia onde Judas Macabeu enfrentou os sírios (1Mc 3-4). Outra localidade mais próxima de Jerusalém com o mesmo nome foi cenário de uma aparição de Jesus ressuscitado a dois discípulos (Is 24,13-32).

Enfermidade

Em sua esfera entravam a debilidade dos anciãos e a de todo mortal que não possui a força do carismático (Gn 48,1; Jz 16,7.11.17); o estado de qualquer enfermo sem precisar a causa (1Sm 19,14; Is 39,1); os ferimentos por acidente ou recebidos na guerra (2Rs 1,2; 8,29); qualquer tipo de inabilidade psicossomática (Ml 1,8.13;

Ez 34,4.16); e os sofrimentos psicológicos como a nostalgia e outros que se ligam ao coração (Ct 2,5; 5,8; Os 7,5; Is 53,10). Era concebida como influxo nocivo de algum espírito enviado por Deus, como castigo ou provação dele (1Sm 16,23; 28,10; Jó 2,7) e também como um recurso literário que apontava a debilidade humana (SI 5-7; 25-28; Jr 10,19; 14,17). Era também relacionada com o pecado (Os 5,12-14; Ez 18,20; Jo 5,14; 9,2), a maldição divina (Dt 28,59.61; Is 1,5) e o influxo de forças misteriosas e demoníacas (Lc 13,59.61; 2Cor 12,7). Algumas em particular eram consideradas como castigo escatológico e dilúvio de morte, como a peste (2Sm 24,13-14; Lc 21,11; Ap 6,8; 18,8; Êx 5,3). Da mesma maneira a cura ou restabelecimento dela liga-se ao perdão, à salvação e à ressurreição final (Mc 2,17; Mt 8,16-17; Lc 4,18-19; 11-20). Ver: *Lepra*.

Entranhas

São consideradas como sede de paixões, instintos, sentimentos e origem de comportamentos: ternura, compaixão, piedade, misericórdia, compreensão, fidelidade, gozo, tristeza, afeição, amor e ódio. Nelas se travam as batalhas por Deus, pois são o eixo da vida. Por isso, a busca de Deus e a conversão são apresentadas também como uma renovação do interior (Jr 31,30; SI 79,8; Os 2,25; Mt 9,36; 18,27; Lc 1,78). "Fechá-las" é negar a compaixão (1Jo 3,17).

Epifania

(*"Manifestação"*, *"Presença"*). Conceito amplo que designa toda manifestação de Deus. Fala-se de "teofania" se é Deus quem se manifesta em forma sensível (Gn 18); "angelofania", se o faz através de um anjo mensageiro (Lc 1,26.38); "pirofania", se por mediação de fogo (Êx 3,1-6; 13,21-22); "cratofania", se por meio de fenômenos como o trovão, o raio, o terremoto, o furacão (Êx 19,16-19; Mt 27,51; 28,2); "cristofania", se intervêm sinais messiânicos como o maná ou uma fonte no deserto (Êx 16).

Epônimo

(*"Atribuído como nome"*). Costume grego de designar um período de tempo, lugar, documento ou grupo humano com o nome de um herói, deus tutelar ou o do magistrado em turno. A exegese bíblica serviu-se do conceito para designar os chefes tribais ou o protótipo ou pai de uma série de lugares ou atividades. Assim, Caim é o epônimo dos cainitas (Gn 4,17-24); Jubal, dos músicos (Gn 4,24); Set, dos setitas, invocadores de Deus (Gn 4,25); Noé e seus filhos, de uma nova humanidade (Gn 11); e os filhos de Jacó, das doze tribos de Israel (Gn 49).

Esaú

(*"Peludo, veludo"*). Filho primogênito de Isaac e irmão gêmeo de Jacó. Embora herdeiro da bênção paterna, esta tocou a Jacó. Foi pai dos edomitas ou idumeus (Gn 25; 27).

Escada de Jacó

Por sua própria função, a escada é símbolo de ascensão e de comunicação com o céu e com os mistérios divinos; ponte, porta e caminho por onde descem a graça e a misericórdia celestes. A caminho da Mesopotâmia, Jacó dorme em certo lugar no qual sonha com uma escada pela qual sobem e descem anjos, e Deus assegura-lhe sua bênção, companhia e promessa de prosperidade. O patriarca dá a esse lugar o nome de Betel, promete fidelidade a Deus e pagamento de um dízimo ao voltar são de sua viagem (Gn 28,10-22; Jo 1,51).

Escândalo

(*"Tropeço"*). Armadilha, tropeço, prova ou artimanha, mais que mau exemplo, com que se pretende induzir ao erro. O termo é usado com alguma frequência na Bíblia para indicar a fidelidade do crente quando o supera (Lv 19,14; Sb 14,11). Jesus critica duramente aquele que o põe, mas ele mesmo é proposto como um grande escândalo para o mundo (Lc 2,34; Mt 11,2-6; Mc 9,42-49). Ver: *Tentação.*

Escatologia

(*"Ciência ou estudo sobre as últimas realidades"*). O conceito moderno indica o conjunto de ensinamentos bíblicos sobre a salvação final querida por Deus para seu povo e que se esconde atrás de temas parciais como o dia do Senhor, o messianismo, a ressurreição, o juízo, a vida futura, a parusia. As perspectivas da escatologia foram interpretadas de diversos modos, sobretudo como algo que já começou a ser, mas que deve plenificar-se ainda; que já é, entretanto não de todo.

Escravidão

Estado sociocultural de dependência total de uma comunidade ou pessoa com respeito a outra que leva à perda de muitos ou de todos os seus direitos. Existiu na antiguidade e continua existindo sob diversos nomes, aparências, pseudovalores, ideologias e pretextos. Da realidade socioeconômica do escravo passou-se à aplicação religiosa do termo para expressar a dependência total do crente em relação a Deus. Jesus se apresenta como escravo e com sua morte e ressurreição livra o crente da escravidão do pecado (Êx; Ef 6,5; Fl 2,5-7; Rm 6,17.22). Ver: *Servo de Javé.*

Esdras

(*"Deus ajuda"*). Sacerdote e escriba versado na Lei e intérprete da mesma entre os israelitas depois do exílio (Esd 7).

Livro de Esdras. Escrito do AT atribuído a Esdras no qual se mencionam as dificuldades dos repatriados da Babilônia para Jerusalém e as medidas tomadas para enfrentar a situação.

Esdrelon

(*De Yisreel: "Deus semeia ou faz frutificar"*). Fértil vale situado entre a Galileia e a Samaria, cenário da batalha de Gedeão contra algumas tribos inimigas (Jz 6,33-7,23), da de Débora e Barac contra Sísara (Jz 4-5) e a de Saul contra os filisteus (1Sm 31). É o nome simbólico de um dos filhos do profeta Oseias como testemunho para Israel (Os 1,3-5).

Esmola

Junto com a oração e o jejum constituía o eixo da piedade (Tb 4,7-11; Mt 6,2-18). Era concebida como solidariedade ao desamparo (pobres, órfãos, viúvas, estrangeiros), responsabilidade para com o povo em seu conjunto e atualização do tema do êxodo (Dt 24,17-22; 26,12-13; 2Cor 8-9).

Esperança

Sentimento e atitude fundados na fé pelos quais o crente aguarda a salvação, o cumprimento das promessas divinas ou se encaminha consciente e paciente para Deus, superando as provações da existência (Sl 71,5; Jr 14,18; Hb 11,1; 2Ts 2,16; Rm 12,12). Aparece junto à caridade e à fé (1Cor 13).

Espírito

É o termo português que mais se aproxima do bíblico *rúaj* com o qual se designam: o vento (Gn 3,8), o alento vital dos mortais (Gn 2,7) o ânimo humano, a força de vontade, o temperamento e também uma força que produz mudanças (Gn 6,17; Êx 14,21) e um dom e influxo divinos no homem (Rm 8,16.26; 1Cor 6,17). Mais que constitutivo da pessoa, parte ou essência dela, o espírito é uma forma do ser e o modo em que a vida, vitalidade e dinamismo do homem se manifestam (Mc 2,8; 1Cor 2,11; Fl 4,23).

O espírito de Deus. Irrompe na vida do homem à maneira de rapto e carisma que o habilita para visões especiais, como no caso dos profetas, e de outros carismáticos (Jz 3,10; 1Sm 11,6; Lc 1,41-67; 2,25; At 6,5; 11,24).

O Espírito Santo. Atua plenamente no Messias ou se apresenta como enviado deste (Is 11,2; 42,1; Mt 3,16; Jo 16,14-15; 19,30); atua sobre a comunidade e em seu nome se realiza o batismo dos crentes (At 1,5; 8,17-19; 10,44-47; Mt 28,19). É o Paráclito e assiste o testemunho dos crentes (Jo 14,26; 16,4-15; Mt 10,20; 1Cor 3,16).

Os espíritos. Nome genérico que se dá tanto aos anjos (At 23,8-9; Ap 4,5; 5,6) como a seres espirituais ou potências que influem negativamente no homem ou se tornam enganosos para ele (Mt 12,45; Mc 1,23; Ef 2,2).

Esposos

Ver: *Matrimônio.*

Essênios

(*Talvez: "Os Santos, Modestos, Piedosos, Iguais ou Praticantes"*). Nome dado a grupos de ascetas judeus que viveram comunitariamente em Qumrán, junto ao Mar Morto, à maneira de seita. Criaram uma estrutura religiosa com escritos, sacerdócio, calendário e teologia próprios entre os séculos II a.C. e I d.C. Defendiam um mes-sianismo sacerdotal e sua figura-chave era o "Mestre de justiça" ou justo. Tiveram alguns parecidos com temas e posturas dos cristãos.

Estela

(*"Coluna, pilar monumento"*). Monumento em forma de laje ou coluna com função funerária (memória de um herói), votiva (evocação de uma promessa) ou comemorativa (recordação de um acontecimento religioso de interesse para a comunidade). A Bíblia menciona várias erigidas por Jacó (Gn 28,12-22; 31,45), Labão (Gn 31,52), Moisés (Êx 24,4), Josué (Js 24,26-27), Absalão (2Sm 18,18) e outras mais. Talvez alguns dos altares erigidos pelos patriarcas tenham este mesmo sentido além do sacrifício que trazem no seu bojo. Ver: *Altar; Escada de Jacó.*

Ester

(*"Estrela"*). Jovem e formosa órfã judia, sobrinha de Mardoqueu, que, segundo os dados do livro que leva seu nome, converteu-se em heroína dos judeus na corte persa do Rei Assuero ao casar-se com este e conseguir a liberdade de seu povo e o castigo de Amã, seu perseguidor.

Livro de Ester. Escrito sapiencial do Antigo Testamento sob a forma de narração exemplar que, junto com *Rute e Judite*, apresenta mulheres como protagonistas principais em contexto de libertação e que culmina com festas e disposições históricas de transcendência. Embora surgido provavelmente durante a perseguição de Antíoco Epífanes (167-164 a.C.) ou em outra similar, a situação é colocada nos tempos do exílio, junto à corte persa. O texto chegou até nós em quatro formas: texto hebreu ou massorético, texto grego de Lisímaco, texto grego de Luciano e texto grego que está por detrás de uma antiga tradução para o latim chamada *"Vetus latina"*.

Estêvão

(*"Coroa"*). Um dos sete diáconos da comunidade helenista de Jerusalém e primeiro mártir cristão. Iniciou uma nova maneira de pregar e se distinguiu como polemista (At 6,5-8,1).

Estrangeiro

Não judeu submetido a situações e consequências políticas, socioeconômicas, legais e religiosas em Israel. Sua procedência o faz passar por desconhecido, misterioso, distante, ameaçador, pagão e hostil (Sl 69,9; Lv 19,33-34). Em sentido positivo é o mensageiro de outro mundo, hóspede (Gn 19,1.14), fonte de conhecimentos esotéricos sobre o além e enviado por Deus (Jr 14,8). Em Israel os estrangeiros foram tratados duramente, fato que levava a lei a situá-los ao lado dos pobres, órfãos e viúvas (Dt 14,29; Jr 7,6) e a conceder-lhes alguns privilégios para solucionar sua situação precária (Lv 19,10, Dt 24,10-21; Nm 35,15; Rt 2). O Novo Testamento fala positivamente do estrangeiro por sua maior abertura a Deus (Lc 7,9; 10,33; 17,18), considera-o representante de Jesus (Mt 25,31-46) e sugere que essa é a situação do cristão no mundo (1Pd 1,1.17; 2,11; Hb 11,9-13).

Estrela

Em geral, são apontadas em grupo como obras de Deus e incontáveis em número (Gn 1,16; Sl 8,4). No singular, serve para apontar eventos messiânicos como no caso da "Estrela de Jacó", alusão a Davi, feita por Balaão (Nm 22,17); a "Estrela de Belém" que guiou os magos até Jesus; a "Estrela-título de Jesus" em Ap 2,28; 22,16; e a antiestrela satânica caída do céu na terra, alusão à queda dos anjos (Gn 6,1-4; Lc 10,18; Ap 9,1; 12,4.9). Em outros casos, a queda de uma estrela, talvez um aerólito, serviu de comparação para evocar a queda de um rei ou império, a transitoriedade de sua grandeza e a inconsistência de sua prepotência (Is 14,12-15).

Eternidade

Aplica-se a Deus à maneira de atributo; posteriormente aparece como recompensa que Deus dá a seus servos em forma de vida e amor eternos (Gn

21,33; Is 40,28; Sl 90,1-2). Finalmente, os textos bíblicos em língua grega acrescentam-lhe um tom de extratemporalidade ("sem-fim", "perdurável") como sinônimo de "para sempre", particularmente e em doxologias (Rm 16,25-26; Fl 4,20; Ap 4,13). Mas mais que duração o termo indica uma qualidade e caráter divinos ("ao divino"), uma forma de ser mais que continuidade no estar ou viver.

Etiologia

(*"Estudo das causas"*). Da linguagem médica e filosófica, o termo passou para os estudos bíblicos para explicar ou ajudar a compreender a origem de algumas passagens difíceis em matéria de história e teologia. As etiologias nos textos bíblicos podem ser: etnológicas, se ajudam a explicar as relações entre grupos diferentes, por exemplo, a submissão dos cananeus aos israelitas (Gn 9,20-27) ou a inimizade tradicional entre Edom e Israel (Gn 25,23; 27,41); etimológicas, quando dão a razão de nomes próprios e vocativos como nos casos de Eva ("Mãe dos viventes"), Abraão ("Pai de multidões") e Babel ("Lugar de confusão") (Gn 3,20; 11,9; 17,5); cultuais ou cerimoniais, que têm por objetivo explicar as origens de ritos, comportamentos e textos litúrgicos, como a festa de Páscoa (Êx 12,21-26; 13,11-14) e o voto de Jefté (Jz 11,30-40); e as geológicas, que esclarecem a origem de uma localidade ou de um fenômeno telúrico ou atmosférico, tais como a origem e o sentido do arco-íris (Gn 9,12-17), de algumas figuras na rocha como a suposta imagem em sal da mulher de Ló (*Yébel Usdúm:* ao sul do Mar Morto: Gn 19,17.26).

Eucaristia

(*"Ação de graças"*). Agradecimento pronunciado por Jesus sobre o pão e o cálice de vinho em sua última ceia, que depois foi assumida como o memorial por excelência de seu amor, presença e sacrifício. Inicialmente, os cristãos chamavam "Ceia do Senhor" e "Fração do pão", repetindo o gesto e palavra de Jesus e, a partir do século II: "eucaristia" (Mt 26,26-27; 1Cor 11,24; At 20,7).

Eva

(*"Vivente" ou talvez: "Tirada do homem"*). Primeira mulher, esposa de Adão e mãe de Caim, Abel e Set (Gn 4,1-2.25). É chamada mãe de todos os viventes (Gn 3,20), "seduzida pela serpente" (2Cor 11,3; Gn 3,1-6), ajuda do homem e "carne de sua carne" (= igual a ele: Gn 2,19-23). Ver: *Homem e Mulher; Maternidade.*

Evangelho

(*"Boa mensagem ou notícia"*). Designa tanto a mensagem de Jesus (Mt 4,23; Mc 1,1; Rm 15,19) como cada um dos textos e o gênero literário em que são trazidas as palavras, ações e memórias sobre Jesus, o Cristo, conhecidos como *Evangelho de Mateus, de Marcos, de Lucas e de João.* Com o mesmo termo são designadas também seções evangélicas em particular: "Evangelhos da infância" são as seções de *Mateus* e *Lucas* que apresentam a infância de Jesus (Mt 1-2; Lc 1-2); "Evangelhos da paixão", os relatos de seus últimos momentos antes de sua morte na cruz.

Exegese

(*"Interpretação", "Exposição"*). Conjunto de ciências e métodos de interpretação com os quais são estudadas as Escrituras para descobrir sua história, texto, sentido, mensagem, origem e acomodação a cada geração de crentes.

Êxodo

(*"Saída"*). Primeiro, o termo evoca a saída prodigiosa do Egito, o período em que o povo hebreu passou no deserto a caminho da terra prometida, e o segundo escrito do Antigo Testamento que narra ambas as circunstâncias. Em sentido teológico chamou-se do mesmo modo o retorno do exílio na Babilônia e a morte de Jesus (Is 40-55; Jo 13,1). A libertação do Egito aparece sob temas parciais como a "passagem do mar" (1Cor 10,1-16; Ap 15,3), dom da água viva e do maná (Jo 6,31-49; 7,37-38), a renovação da aliança (Jr 31,31-34; Ap 11,19), o cordeiro pascal e o sacrifício de Cristo (Jo 1,29; 19,36; 1Cor 5,7; 1Pd 1,18-19; Ap 5,9).

Livro do Êxodo. O escrito inicia-se com a vocação de Moisés, o *Libertador* (1,1-4,17); continua com o choque entre Deus e o Faraó (4,18-11,10), a saída e a celebração do evento (12,1-15,21); prossegue com a caminhada pelo deserto e suas peripécias (15,22-18,27), o estabelecimento da aliança entre Deus e seu povo (19,1-24,11), um código de instruções sobre o culto (24,12-31,18 e 35,1-40,38), o "pecado original" de Israel com seu "bezerro de ouro" (32) e o restabelecimento da aliança nas tábuas da lei (33-34). A importância do escrito está na criação de um novo povo, o de Deus, e no compromisso divino com ele: "Vocês serão meu povo e eu serei seu Deus".

Expiação

Inicialmente eram todos os ritos e perspectivas que se condensavam na festa do mesmo nome com solicitude de perdão por parte do povo e um sacrifício a Deus para alcançar sua remissão (Lv 16). Posteriormente, o tema se concentrou na morte redentora de Cristo concebida como sacrifício (Hb 5,7; 7,25; 9,3.25-26; 13,11). Ver: *Reconciliação; Redenção; Sangue.*

Ezequias

(*"Minha força é Javé"*). Décimo terceiro rei de Judá (716-687 a.C.), filho de Acaz, contemporâneo dos profetas Oseias, Miqueias e Isaías e antepassado de Jesus (2Rs 18-20; Mt 1,9-10).

Foi um dos melhores reis de Judá, reformador desde a perspectiva dos profetas deuteronomistas e piedoso. É-lhe atribuído um salmo (Sl 116; Is 38).

Ezequiel

(*"Que Deus o faça forte!"*). Sacerdote e profeta exilado para a Babilônia em 598 a.C. Deportado, dedicou-se a tranquilizar seus companheiros, a animar sua fé no exílio e a assegurar a presença de Deus no meio de seu povo com uma mensagem viva e clarividente.

Livro de Ezequiel. Conjunto de profundos oráculos, ações simbólicas em favor de Israel, visões e perspectivas novas comumente chamadas "Torá de Ezequiel": vocação (1-3), oráculos contra Israel (4-24), oráculos contra os povos (25-32), oráculos sobre a restauração (33-39), nova organização (40-48). Por sua linguagem nova (apocalíptica) e perspectivas de restauração é considerado o "Pai dos apocalípticos" (Ez 1; 37-39; 40-48).

Face

Ver: *Cara.*

Fariseu

(*"Os Separados"*, *"Os Intérpretes"*). Corporação de judeus piedosos, particularmente leigos, que se sentiam herdeiros e continuadores dos antigos *hasidim* ou piedosos (1Mc 2,42; 7,11-17).

76 / Fé

O movimento desenvolveu-se a partir do século II a.C. e alcançou seu apogeu nos primeiros anos do século I a.C. e depois do ano 70. Eram os renovadores religiosos de Israel, um tanto rigoristas e legalistas no estudo e aplicação da *Torá* ou Lei, o que os levou a enfrentamentos com a mensagem de Jesus (Mc 7,3-4; Mt 5,20; 12,38; 15,2; 23,2-7). Eram também muito versados nas Escrituras e seus especialistas eram chamados "Escribas". *Lucas* apresenta-os favoravelmente: alguns convidam a Jesus (Lc 7,36-48; 11,37; 14,1-6) e como destinatários de alguns dos ensi-namentos do Mestre (Lc 15,2-3). Confessavam a existência de uma providência divina, de espíritos e anjos (At 23,8), da ressurreição depois da morte e da vida futura. Além da tradição escrita de Moisés, aceitavam outra tradição oral e defendiam a observância estrita do repouso no sábado e da pureza (Mc 2,13-17.23-28). A opinião negativa que se dá sobre eles nos evangelhos não reflete tanto sua conduta no tempo de Jesus quanto, ao que parece, o choque entre os fariseus que tentaram salvar o judaísmo depois do ano 70 e as comunidades cristãs desse momento (Mc 8,11-13; Mt 9,9-13; 23; Lc 5,27-32; At 15,5). Ver: *Essênios; Saduceus.*

Fé

Suas atitudes se apresentam na linguagem bíblica com termos que indicam firmeza, segurança e fidelidade. Mas a Escritura, mais que esclarecer o conceito em si mesmo, apresenta os modelos que a viveram como Noé (Gn 6-9), Abraão (Gn 12,1-3; 22), Moisés (Êx 2-15), Davi (2Sm 9-20) e muitos outros que aparecem elencados (Eclo 44-50; Hb 11). Jesus pede fé para que se entendam seus sinais ou então os realiza para que esta chegue (Mc 6,5-6; Lc 7,50; Jo 20,30-31); Paulo afirma que a fé é um dom divino que se dá sem obras, enquanto Tiago exige que as obras a comprovem (Rm 3,21-26; Gl 3,16; Tg 2,14-26).Aparece ao lado da esperança e da caridade (1Cor 13) e se manifesta como fidelidade, paciência nas provações, confiança e adesão à mensagem de Cristo.

Festa

Ambiente, meio e totalidade que rompe com o tempo ou situação ordinários nos quais o homem se relaciona intensamente com Deus e com sua comunidade. É uma "visita de Deus", ocasião de graça, bênção e especial revelação; e também vida comunitária plena, abertura e avanço do tempo final. Não é outra coisa que o início tangível do "dia do Senhor", aproveitando os ciclos naturais e os acontecimentos históricos. O Novo Testamento aceita os esquemas anteriores da festa bíblica e os põe em referência principalmente com o domingo, dia do Senhor e epifania de sua glória. Ver: *Dia do Senhor; Domingo; Epifania; Páscoa.*

Fidelidade

Componente fundamental da fé. Infelizmente é com frequência entendida como exatidão no cumprimento de um compromisso ou como raquítica exclusividade afetiva e matrimonial. O conceito e tema bíblicos são mais dinâmicos e profundos: pois incluem notas e características de confiança, bondade, esperança, misericórdia, demência, piedade, carinho, benevolência, benignidade, graça, verdade e credibilidade que não são apenas sinônimos colaterais (Os 4,1; Mq 7,20; Sl 25,10). Frequentemente aparece ao lado da verdade (Gn 24,27.49; Pr 3,3). Mais que ato ou comportamento passageiro é uma qualidade e atitude éticas que exigem absoluta disponibilidade, amabilidade e bondade que terminam no perdão e no agradecimento (Os 2,21; 6,4.6). Chega a ser considerada como a face e a presença amáveis de Deus (Si 31,8; 40,12). Quem a pratica e a vive é fiel e piedoso (Sl 31,8; Mt 9,13; Lc 1,54.72.78).

Filactério

Estojo de couro que os piedosos israelitas utilizavam sobre o braço e na testa, dentro do qual estavam alguns textos fundamentais da lei (Êx 13,1-10.11-13; Dt 6,4-9; 11,13-21). O costume deriva da prática literal de uma metáfora bíblica (Êx 13,9; Dt 6,8).

Filêmon

(*"Amado"*). Rico cristão de Colossos, provavelmente dono do escravo Onésimo, destinatário de uma carta de Paulo.

Carta a Filêmon. Escrito carinhoso e pessoal de São Paulo no qual, embora respeitando as estruturas sociais do Helenismo, critica-as à luz da fé e sugere medidas para sanar suas deficiências e desvios humanistas.

Filho de Davi

Designação genérica para indicar a descendência de Davi por parte dos reis de Judá. Teologicamente, o apelativo equivalia a um título messiânico que se foi desenvolvendo pouco a pouco (2Sm 7,12.16; Sl 2,7) até ser atribuído a Jesus por seus contemporâneos que viam nele o Messias (Mt 9,27; 12,23; 15,22). A Igreja adotou o título para sublinhar tanto a ascendência e o aspecto real de Cristo como para destacar o aspecto profético que teve no texto mais antigo (2Sm 7).

Filho de Deus

No Antigo Testamento era título de reis por se considerar a estes como prolongamento, presença perene da divindade e portadores de qualidades messiânicas (2Sm 7,12-14). Aplicou-se também às potências cósmicas (Sl 29,1; 89,7), aos anjos (Gn 6,2), aos piedosos (Jó 1,6) e a todo o povo de Deus, em geral (Êx 4,22-23). O Novo Testamento continua no mesmo caminho, aplicando-o aos que creem (Jo 1,12-13; 1Jo 3,10; Rm 8,14-23) e reservando-o em sentido próprio para Jesus, o Messias (Jo 10,36; Lc 1,35; Mt 3,17). O mesmo sentido aparece naqueles textos que, embora sem mencioná-lo diretamente, apresentam Jesus referindo-se a Deus como seu Pai (Mt 7,21; 10,32; Jo 5,17-27).

Filho de Profetas

A partir da expressão hebraica "filho de..." que indica relação, semelhança, profissão ou atividade idêntica, parentesco, discipulado, dependência, refúgio ou respeito, o termo se aplicava aos discípulos de algum profeta célebre que o acompanhavam ou seguiam seu gênero de vida. Por extensão se aplicava aos que praticavam a religião de forma entusiástica e intensa (1Sm 9,10-25; 19,18-24; Am 7,14). Ver: *Nabi.*

Filho do Homem

Enquanto o genérico "filho de homem" (sem artigo) se aplica ao homem em geral como a "qualquer filho de vizinho" e equivale aos pronomes "eu", "tu", "ele" (Sl 8,5; 80,18; Ez 2,1), a partir de *Daniel* se atribui a uma figura celeste relacionada com Deus Altíssimo que intervém na terra (Dn 7,13; Ap 1,13; 14,14). Jesus adota o título e o recarrega de sentido messiânico, assinalando assim sua própria missão (Mt 24,30; Mc 14,62).

Filipe

(*"Amigo dos cavalos"*). Apóstolo originário de Betsaida (Mt 10,3; At 1,13). Segundo o *Evangelho de João* aparece muito próximo de André (Jo 6,5-7; 12,20-22), apresenta Natanael a Jesus (1,43-48), solicita uma manifestação visível do Pai (14,8-9) e é intermediário entre alguns judeu-helenistas e Jesus (12,20-26). Outro Filipe foi um dos sete diáconos de Jerusalém: pregou aos pagãos e evangelizou Samaria e Cesareia. Tinha quatro filhas profetisas (At 8,4-13.26-40; 21,8-9).

Filipenses

Habitantes de Filipos, cidade na antiga Macedônia, entre os quais São Paulo missionou e ligou-se carinhosamente a eles por sua ajuda e abertura (At 16,11-40).

Carta aos filipenses. Escrito de Paulo, amável e profundo, que apresenta o lado festivo e harmônico de uma comunidade que segue a Cristo e a qual ele motiva familiarmente a ser constante na mensagem de alegria recebida. Contém um dos mais antigos hinos a Cristo (2,6-11) e possivelmente compõe-se de mais escritos (1,1-3,1; 4,10-23).

Filisteus

Povo não semita estabelecido nas costas da Palestina pelo ano 3000 a.C. e principal inimigo de algumas tribos israelitas. Desenvolveram uma cultura própria nas cidades costeiras de Gaza, Asdod, Ascalon, Gat e Egron. Entre suas divindades estavam Dagon e Baal Zebul. Os choques entre filisteus e israelitas ficaram resumidos na epopeia de Sansão (Jz 13-16) e na vitória de Davi sobre Golias (1Sm 17; Jr 47). Ver: *Palestina.*

Flagelação

Castigo com azorragues ou açoites infligidos a criminosos. Foi praticado entre os hebreus (Dt 25,3; 2Cor 11,24-25) e os romanos o exerceram contra os escravos e estrangeiros, como no caso de Jesus antes de sua morte (Mt 27,26) que ficou registrado no "Credo" ("Padeceu sob Pôncio Pilatos": Lc 23,16) e no caso de apóstolos e cristãos (At 5,40-42; 16,23.27; 2Cor 11,24.25; Mc 13,9).

Fogo

Por sua natureza, aspecto e efeitos foi considerado como elemento fundamental do cosmos ao qual foram dadas acepções rituais, mágicas, filosóficas, punitivas, simbólicas e teológicas. Na Escritura aparece como elemento característico da teofania (Êx 3,1-6), recurso para o culto judeu e pagão (Lv 9,24; Nm 3,4; Dt 12,31; 18,10; 2Rs 16,3) e como castigo (Lv 20,14; 21,9). Sob o aspecto simbólico, era concebido como emissário divino da mesma maneira que o vento e o raio e equiparável a um anjo, profeta ou voz divina (Gn 3,24; Sl 29,7; 104,4); era expressão gráfica do ciúme de Javé (Êx 20,5; Dt 5,9) e de sua palavra que consome o profeta (Am 1,4-2,5; 4,11; Jr 20,9), alusão à sua transcendência (Dt 4,24; Is 31,9); indicação do amor (Ct 8,6), das provas do mensageiro e apóstolo (1Cor 3,13-15; 2Cor 11,29); metáfora da distância de Deus (Mt 5,22; Mc 9,43-45; Jo 16,5) e sinal da consumação e juízo final segundo os apocalípticos (2Pd 3,12; 2Ts 1,8; Ap 9,17-18; 13,13; 20,10.14-15). Positivamente, é um elemento de purificação do pecado e símbolo do Espírito de Deus (Lc 3,16; 12,49-50; At 2,3). Ver: *Água; Epifania; Inferno.*

Fome e sede

Mais que desgraças ocasionais são sinônimos de castigo escatológico e ocasião para epifanias divinas como no caso das codornizes, do maná e da água saída da rocha no tempo do Êxodo (Êx 15,22-17,7; 1Cor 10,3-5; Jo 6), ou ainda como provocação e escusa para a chegada da bênção divina e dos bens messiânicos (Mt 5,6; Lc 1,53; 6,21.25; Ap 7,16).

Fração do pão

Um dos primeiros nomes que os cristãos deram à celebração eucarística. É evocação do gesto de Jesus em sua última ceia (Mt 26,26; Lc 24,30.35; At 2,42.46; 20,7.11; 1Cor 10,16).

Gabaá

(*"Colina", "Elevação"*). Localidade pertencente à tribo de Benjamim. Foi cenário de um crime dramático contra a hospitalidade, e em razão disso foi castigada pelas demais tribos (Jz 19) solidariamente. Foi pátria de Saul, local de sua unção régia e manifestação profética e capital durante seu breve reinado (1Sm 10).

Gabaon

(*"Lugar elevado", "Altura"*). Localidade a 9 quilômetros a noroeste de Jerusalém (Js 9). Aliada dos hebreus, foi defendida por eles, ocasião em que Deus interveio prodigiosamente para ajudá-los e passou à posteridade como "Dia de Gabaon" (Js 10,1-13). Existiu aí um templo antes do de Jerusalém, visitado por Salomão, no qual Deus lhe prometeu sua proverbial sabedoria (1Rs 3,4-15).

Gabriel

(*"Homem de Deus"* ou *"Deus é forte"*). Anjo que interpreta as visões de Daniel (Dn 8,16-26; 9,21-23) e mensageiro divino que anuncia a Zacarias o nascimento de João Batista (Lc 1,11-20) e a Maria, o de Jesus (Lc 1,26-38).

Gad

(*"Fortuna", "Oportunidade"*). Nome de um dos filhos de Jacó, pai de uma das tribos (Gn 30,10-11), cujo território se encontrava a este do rio Jordão (Nm 32; Js 13,24-28). Outro Gad foi um profeta do tempo de Davi, autor de umas *Crônicas* (2Sm 24,11-19; 1Cr 29,29-30).

Gafanhoto

Comida de gente humilde como o Batista (Mt 3,4), mas sobretudo símbolo de castigo, destruição e maldição, pela voracidade do inseto quando aparece como praga, ou como quando é mandado para indicar o julgamento divino (Êx 10; Dt 28,38; Jl 1,4; Ap 9,1-11).

Galaad

(*"Terreno áspero"*). Território a este do rio Jordão, atual Jordânia, ocupado pelas tribos de Gad, Manassés e Ruben. Aí atuaram os juízes Jair e Jefté (Js 22,9-15; Js 10-11).

Gálatas

Habitantes da Galácia, região central e norte da antiga Ásia Menor (atual Turquia), em volta da cidade de Ancara. O território foi missionado por Paulo em sua segunda e terceira viagens (At 16,6; 18,23).

Carta aos gálatas. Enérgica carta de Paulo aos gálatas cristãos para preveni-los de erros em perspectiva judia (Gl 3,6-29), expondo-lhes as razões de seu próprio ministério apostólico (Gl 1,11-2,21), o papel da fé frente ao da lei (3,6-4,7) e exortando-os a não cair na escravidão (4,8-5,12) mediante os frutos do Espírito (5,13-6,10).

Galileia

(*"Círculo", "Distrito"*). Região ao norte da Palestina, ocupada pelas tribos de Zabulon, Aser, e Neftali, conhecida também como "Galileia dos pagãos" por sua população não totalmente judia (Is 8,23; Js 20,7; Mt 4,15). Em várias cidades da região atuou e pregou Jesus e elas se desenvolveram como comunidades cristãs. Ver: *Cafarnaum; Caná; Lago de Genesaré; Nazaré.*

Gamaliel

(*"Deus é minha recompensa"* ou *"Deus me fez bem"*). Rabino fariseu do tempo dos apóstolos, que foi mestre de Paulo e propôs respeito pelos cristãos e por suas convicções (At 5,34; 22,3). Outro Gamaliel pertenceu à tribo de Manassés (Nm 7,54-59; 10-23).

Garizim e Ebal

Montanhas que dominam a cidade de Siquém, em cujo vale Josué fez os hebreus prometerem fidelidade à aliança (Js 24). Aí Jotão ridicularizou a tentativa de Abimelec de tornar-se rei (Jz 9). Depois do exílio, o monte Garizim converteu-se em centro de culto dos samaritanos. Antíoco IV *Epífanes* trocou seu templo por outro dedicado a Zeus no tempo dos *Macabeus* (2Mc 5,23; 6,2). Posteriormente, em conversa com uma mulher samaritana, Jesus levou-a a ver a superação do culto local em Garizim e Jerusalém e a importância do novo culto em espírito e verdade (Jo 4).

Gaza

(*"A forte"?*). Cidade e território palestino localizado junto ao Mar Mediterrâneo. No tempo dos juízes pertenciam ambos aos filisteus e sofreram os ataques de Sansão (Jz 16). Em suas imediações o diácono Filipe batizou um etíope (At 8,26-39).

Gedeão

(*"Canteiro"* ou ainda *"Com mão ferida"?*). Conhecido como Jerobaal, filho de Joás, pai de Abimelec e juiz em Israel, libertou os israelitas dos madianitas na Palestina e Transjordânia com campanhas e política adequadas (Jz 6-8).

Geena

(*De Ge-Hinnom: "Vale de Hinnom"*). Vale situado a sudoeste de Jerusalém, recordado porque nele se realizaram cultos idolátricos no *Tofet*, espécie de forno e altar no qual se queimavam crianças em honra do deus Moloc (Js 15,8; Jr 7,31-32; 19,2.6; Lv 18,21; 2Rs 23,10). No tempo do profeta Isaías, o rei Acaz de Judá sacrificou aí, provavelmente, seu filho (2Rs 16,3). Por necessidades urbanas, o lugar se converteu em lixão, onde se queimava o lixo, o que o levou a ser tomado como símbolo de lugar de perdição, equiparável ao Hades e inferno greco-romano e se converteu em lugar maldito por excelência, de castigo e condenação escatológica "onde o verme não para de roer nem o fogo de queimar" (Mt 5,22; 18,8-9; 23,15.33; Mc 9,47-48; Tg 3,6; Ap 14,10).

Gelboé

(*"País de colinas"*). Conjunto montanhoso entre Samaria e Galileia e o Vale de Jizreel e o rio Jordão. Tornou-se célebre por causa de alguns fatos importantes como a derrota e morte de Saul e Jônatas nas mãos dos filisteus e ocasião de uma elegia de Davi (1Sm 28,4; 31; 2Sm 1,19.27).

Genealogia

Lista de nomes pessoais, geográficos ou de grupos humanos que se referem a um ancestral, epônimo comum ou simples início de procedência mais com finalidade religiosa que histórica desde a perspectiva moderna. Estas listas abundam na Escritura para indicar a continuidade de uma pessoa ou grupo, sua importância no tempo e sua perspectiva na comunidade humana. É uma espécie de história concentrada, álbum familiar ou carteira de identidade. Embora se fale de laços de parentesco, filho-pai-avô-bisavô-tataravô ou vice-versa, não necessariamente está implicada a parentela, o sangue e o sobrenome (Gn 4,17-26; 11,12-24; Mt 1,1-17; Lc 3,23-28).

Gêneros literários

Formas de expressão comuns entre os homens de uma época, região ou cultura, mediante as quais é explicitada sua maneira de ser, pensar, agir e decidir. São um recurso obrigatório nos estudos bíblicos para precisar o sentido dos textos e esclarecer sua perspectiva literária e teológica.

Gênesis

(*"Origem, nascimento"*). Nome do primeiro livro da Escritura que narra as origens, o sentido e a função da terra e da humanidade; e apresenta os antecedentes do bem e do mal, das condutas humanas fundamentais, da família e da sociedade em geral. Depois desta seção de caráter sapiencial e profético (Gn 1-1 1), o resto do escrito apresenta os pais de Israel e modelos de fé da pré-história: Abraão, Isaac, Jacó, Israel e José (Gn 12-50). Mais que história no sentido atual, o escrito oferece as linhas mestras para entender e explicar o presente. Muitas outras passagens da Escritura tocaram e ampliaram ou enfatizaram os temas teológicos de *Gênesis*, como no caso da criação à qual chamaram palingênese (Mt 19,28; Tt 3,5), apocatástase ou restauração (Mt 17,11; Mc 9,11-13; At 3,21) e com expressões que indicam uma recreação, plenitude e renovação totais ("novo céu e nova terra" em Ap 21,1) ou também matizando seus alcances (2Cor 5,17).

Gerasa

Cidade e região pagãs da Decápole a este do rio Jordão e do lago de Tiberíades. Jesus curou um endemoninhado do lugar e o enviou a missionar entre seu pessoal (Mc 5,1-20). Ver: *Demônio; Galaad*.

Getsêmani

(*"Moinho de azeite"*). Prédio nas encostas do Monte das Oliveiras para onde Jesus costumava retirar-se para orar. Aí sofreu uma tristeza mortal antes de sua paixão propriamente dita e foi preso (Mc 14,32-52; Lc 21,39-47).

Glória

O conceito bíblico hebreu indica algo que tem peso, que se impõe e implica poder, força, riqueza, luxo, beleza, êxito e respeito (Is 16,14; 35,2; Gn 31,1; 45,13; Est 1,4). Vem descrito como o conjunto de qualidades divinas que refletem a santidade e o poder de Deus na natureza, na libertação dos piedosos e em sua atividade entre os homens à maneira de providência e presença salvíficas. Esta glória divina manifesta-se em suas epifanias, em sua presença no templo (visualizada em uma nuvem: Êx 33,18-23; Is 6,4), em seu Filho Jesus (Jo 1,44; Tt 2,13) e na morte deste na cruz (Jo 2,11; 7,39; 13,31-32). Ver: *Nuvem, Santidade*.

Gog e Magog

Rei misterioso, o primeiro, de um reino também desconhecido, o segundo, utilizado pelo profeta Ezequiel para indicar os inimigos do povo de Deus (Ez 38,2-39,15; Ap 20,8).

Gólgota

(*"Crânio"*). Ver: *Calvário*.

Graça

Favor de Deus a alguém em forma de benevolência, ajuda, carisma, perdão, inclusão no povo de Deus e participação da vida eterna (Êx 34,6-7; Lc 1,28; Jo 1,17; 1Pd 4,10; Rm 5,17.20-21; 11,29). Diz-se de alguns personagens que estão cheios da graça de Deus: Maria (Lc 1,28), Jesus (Lc 2,40.52; Jo 1,14), Estêvão (At 6,8).

Guerra

As experiências e consequências bélicas conturbavam os antigos por sua indiscriminação, irracionalidade e amplitude, como angustiam os contemporâneos, pelo menos os civis. Na Escritura ela é descrita como um flagelo e calamidade sem igual, poder demoníaco que aflige a humanidade, desastre ecológico incomparável, mas também como meio inevitável para limpar a terra de imundície humana, pecado e paganismo. Fala-se também de uma "guerra santa" em favor dos direitos de Javé (Dt 23,10-15; 1Sm 21,6) e como oportunidade e recurso para manifestar o julgamento de Deus (Is 7,4-9; 30,27-30), e de outras, por motivos religiosos e libertadores (1Mc 3,46-60; 7,40-42). Os profetas escritores e os apoca-lípticos a utilizam como requisito escatológico para indicar a vitória do bem sobre o demoníaco e oposto a Deus (Ap 12; 19,11-21) e os textos mais antigos como um ressaibo mítico para indicar a criação. Ver: *Leviatã; Mar.*

Guilgal

(*"Círculo de pedras"*). Nome de várias localidades: uma, situada entre o rio Jordão e Jericó, primeiro acampamento israelita depois do êxodo e centro religioso (Js 4,19-20; 5,9-10; 10,6-9; 1Sm 13,7-15) e lugar em que Saul foi proclamado rei (1Sm 11,12-15); outras localidades aparecem aqui e ali (Js 12,23; 15,7; 18,17; 2Rs 2,1).

Habacuc

(*"Menta", "Baixo de estatura"* ou *"O Abraçado"*). Profeta do Antigo Testamento, cujo escrito ficou catalogado no oitavo lugar na coleção dos "Profetas menores". Suas visões e mensagens, claras e diretas, testemunham seu fervor por Javé. Uma de suas passagens sobre a fidelidade foi amplamente interpretada no Novo Testamento (Hab 2,3-4; Rm 1,17; Gl 3,11; Hb 10,37-38).

Harmagedon

(*"Montanha de Meguido"*). A partir da morte do piedoso rei Josias no lugar, este se converteu em símbolo de derrota e desastre (2Rs 23,29-30). Por sua raridade e mistério, *Apocalipse* concebe-o como o lugar onde se reunirão os reis para o grande combate escatológico no final dos tempos (Ap 16,16). O abuso da literatura apocalíptica e a leitura literal de seus textos simbólicos levaram muitos na atualidade (Testemunhas de Jeová, por exemplo) a citá-lo inoportunamente como "o lugar" da desgraça final.

Hebreus

Destinatários genéricos de um escrito do Novo Testamento (ano 75, aproximadamente) atribuído erroneamente a São Paulo. O escrito conhecido como *Carta aos hebreus* não é precisamente um documento epistolar, é antes um pequeno tratado catequético no qual pela única vez Jesus é apresentado como sacerdote segundo um sacerdócio novo, o de Melquisedec. Ao longo do texto, acentuam-se todos aqueles elementos que oferecem uma imagem sacerdotal, clara e completa de Jesus enquanto vítima, sacerdote e inaugurador de um culto novo e próprio. A novidade da orientação fez pensar que seus destinatários poderiam ser essênios ou fariseus convertidos ao cristianismo.

Hebron

(*"Lugar de aliança"*). Localidade ao sul de Jerusalém na qual viveram Abraão, Isaac e Jacó (Gn 13,18; 35,27; 37,13-14), anteriormente propriedade dos anaquitas, chamada Quiriate-Arba (Nm 13,22-25). Nela Davi foi escolhido rei (2Sm 5,1-3) e Absalão se rebelou (2Sm 15,7-10). Em um lugar limítrofe se conservam os túmulos dos patriarcas (Gn 23,2.10-19).

Helenocristãos

Nome comum dado nos estudos recentes aos primeiros cristãos procedentes do helenismo, tanto de origem judia como pagãos bastante distantes e diversos dos judeu-cristãos.

Henoc

(*"Inauguração, dedicação"*). Patriarca que em uma genealogia aparece como filho de Caim e pai de Irad (Gn 4,17-18) e em outra como filho de Yered e pai de Matusalém (Gn 5,18-23). *Gênesis* o apresenta como plenitude de vida humana e de resposta a Javé, pois "andou com Deus" e foi raptado depois de 365 anos (um ano de anos: Gn 5,22-24; Eclo 44,16; 49,14; Hb 11,5). A *Carta de Judas* cita uma passagem de um livro apócrifo que se atribui a ele (Jd 14). Por seu rapto ao céu, evidente convite à contemplação dos mistérios divinos e sem passar pela morte, Henoc foi assumido como personagem chave na literatura apocalíptica.

Herodes

Nome de uma família que governou a Palestina entre os anos 37 a.C. e 70 d.C. O principal foi Herodes, o *Grande*, filho de Antípatro (ancestral fundador da família), que governou do ano 37 ao 4 a.C. Grande estrategista militar, político e construtor, não teve igual sorte nas relações familiares e humanas, que provocaram enfrentamentos e desastres em sua corte. O *Evangelho de Mateus* o lembra como tirano que mandou matar os meninos de Belém por temor de que entre eles estivesse o Messias, Rei de Israel (Mt 2,1-19).

Herodes Antipas. Mandou decapitar João Batista que criticava seu divórcio e o adultério com sua cunhada (Mc 6,14-28).

Herodes Agripa I. Fez decapitar Tiago Maior e encarcerar Pedro (At 12,1-23).

Herodes Agripa II. Ouviu Paulo e se mostrou favorável à sua libertação (At 25,13-26,32).

Herodianos. Constituíam uma espécie de partido político e se mostravam hostis à pregação de Jesus (Mt 22,16; Mc 3,6; 12,13).

Herodíades

Esposa de Herodes Filipe a princípio, a quem abandonou para unir-se a Herodes Antipas. Depois de um baile de sua filha Salomé, instigou-a a pedir a decapitação de João Batista.

Hieródulo

(*"Servidor do templo"*). Homem ou mulher que servia nos antigos templos pagãos e por um tempo no de Jerusalém, os quais também se dedicavam à prostituição sagrada. Foram duramente criticados pelos profetas. As reformas de reis piedosos como Asá, Josafá e Josias conseguiram diminuir sua atividade e presença no templo de Jerusalém (1Rs 15,12; 22,47; 2Rs 23,7; Os 4,12-14; Am 2,7).

Hoje

Como outras expressões e conotações temporais, o termo "hoje" serviu no *Deuteronômio* para assinalar a atualidade da salvação e o valor do passado em função do presente (Dt 4,4.8.39; 11,2.4.8.13.26.32). Da mesma maneira o *Evangelho de Lucas* ressalta que as promessas se cumprem (hoje) no agir de Jesus (Lc 2,11; 3,22; 4,21; 5,26; 13,32; 19,9; 23,43) e as parábolas deixam claro que "hoje" é o momento da decisão, pois dele depende o amanhã (Lc 12,16-21; 16,19-31). Ver: *Dia do Senhor; Hora.*

Holocausto

(*"Inteiramente queimado"*). Sacrifício cruento de um animal através do fogo para indicar sua total consagração a Deus e evitar qualquer outro destino da vítima. Nos tempos do Antigo Testamento se fazia no templo, de manhã e à tarde, além de outros oferecidos em determinadas circunstâncias (Lv 1,3-17).

Homem e mulher

Esta como outras expressões semelhantes e aparentemente antitéticas (dia e noite, céu e terra, terra e água, manhã e tarde, luz e trevas, pequenos e grandes, homens e animais, pais e filhos) indicam totalidade e complementação na ordem, no grupo ou no campo a que se referem. Assim, pois, homem e mulher equivale à humanidade ou a todos os mortais; manhã e tarde, ao dia inteiro (Gn 1,27). *Gênesis* propõe a total igualdade, personalidade, nível e importância de homem e mulher, negando toda superioridade de um sobre a outra e vice-versa. Ver: *Adão; Eva; Matrimônio.*

Hora

No tempo de Cristo, os israelistas dividiam o dia em 12 horas ou partes e a noite em quatro vigílias. Porém, mais importante que o uso temporal foi o desenvolvimento teológico do conceito e tema. Neste campo, a hora indicava "o momento da atuação divina" (Jo 4,21-23), o tempo estabelecido para alguma coisa à maneira de programa divino (Lc 1,10; 7,21-23, At 3,1; Jo 13,1), o último momento da atuação divina na história que equivalia praticamente ao "dia do Senhor" (Mc 13,32; Ap 3,3.10) ou também à atividade messiânica de Jesus, realizada de acordo com um horário divino e síntese de sua presença salvífica e companhia providencial (Jo 2,11; 7,30; 8,20; 12,23.27). Ver: *Dia do Senhor; Hoje; Juízo Final.*

Horeb

Ver: *Sinai.*

Hosana

(*"Auxílio!"*, *"Piedade!"*, *"Socorro!"*). Exclamação hebraica e grito de aclamação equivalente ao "Viva!" popular (Sl 118,25; Mt 21,9; Mc 11,9-11).

Hospitalidade

Lei sagrada entre os semitas devido à precariedade da terra e do ambiente e de acordo com a sua cosmovisão antropológica que só via nos outros amigos ou inimigos (Gn 18,1-19; 19,1-9; Jz 4,17-22, Sb 19,13-17). Jesus dá exemplo de hospitalidade com seus discípulos lavando-lhes os pés (Jo 13,1-20) e tanto ele como as comunidades primitivas exigiram seu cumprimento e a propuseram como matéria de julgamento, já que receber alguém como hóspede equivalia a receber o próprio Cristo (Lc 14,13-14; Mt 25,35.43; Rm 12,13; 1Pd 4,9). Ver: *Estrangeiros.*

Idolatria

(*"Culto ou adoração da imagem"*). A partir da aceitação e adoração do único Deus, Israel criticou e lutou contra qualquer outra divindade e suas representações, apesar de sua atração concreta que lhe evitava o trabalho espiritual e punha em cheque sua esperança (Êx 20,2-5; Jz 8,24-27; 17,1-18). Os profetas a consideraram e batizaram como "prostituição", além de criticar suas causas (fracassos militares, políticos, econômicos e religiosos), e a tacharam de infidelidade, oportunismo, falta de confiança e de fé em Deus (2Rs 16,1-20; 21,1-21; Os 1-3; Ez 16).

Igreja

(*"Assembleia do povo"*). Nome adotado pelo cristianismo primitivo para designar tanto os seguidores de Jesus em seu conjunto (Mt 16,18; 18,17) como os que creem, das comunidades locais (At 8,1; 13,1; 15,41), fazendo ressaltar a relação de fé que os une a Deus e entre si e não só a maneira de equipe ou grupo social.

Imagem

Embora a Escritura se mostre contrária ao uso de imagens por temor de que estas levem à idolatria (Êx 20,4; Dt 5,8), a mesma Escritura menciona que o homem é imagem de Deus (Gn 1,26-27; Sl 8; Sb 2,23). O Novo Testamento afirma que Cristo é a imagem por excelência do Deus invisível (Jo 1,18; 14,9; Cl 1,15) e que tanto a criação como o homem levam o vestígio dessa imagem (Rm 8,29; Cl 3,10; 1Cor 15,49; 2Cor 3,18-4,4). Longe de pensar que a "imagem de

Deus" no homem seja uma simples parecença ou semelhança, em nível fisiológico, filosófico e mesmo religioso, o tema e comparação sugerem que o homem representa o seu Criador: onde pisa o homem aí está Deus.

Imortalidade

Enquanto a filosofia grega clássica a concebia como perenidade no além, reservada a heróis, intelectuais e à flor e nata humanas, a Escritura afirma que Deus é o Vivente e o Deus de vivos que doa a vida às criaturas. Em alguns casos tal vida aparece como uma "não morte", como nos casos de Henoc e de Elias (Gn 5,24; 2Rs 2,10-11); em outros como volta à vida e reanimação, como o caso dos ossos secos (Ez 37,1-14). Posteriormente, e sob a influência grega, a participação na imortalidade aparece como separação de alma e corpo e entrada ou participação na plenitude divina (Sb 3,4; 4,1; 15,3). O conceito aparece no Novo Testamento como prerrogativa de Deus e participação dada aos ressuscitados (1Tm 6,16; 1Cor 15,53-54).

Impiedade

É a conduta do homem irreligioso, oposto a Deus, rebelde a seus mandatos, prepotente para os piedosos e seguro de si mesmo. A esses homens e a outros de conduta parecida chamamos ímpios, loucos, filhos das trevas (Sl 1,3; 14,1; Is 22,13).

Incenso

Substância resinosa utilizada na antiguidade semita na forma de intercâmbio comercial; perfume para aromatizar ambientes e como oblação religiosa ao templo (Is 60; Êx 30; Ct 3,6; Lv 2). Além de matéria preciosa, era tido como símbolo de oração e de adoração, meio para afastar ou propiciar a força benéfica dos espíritos (2Rs 23,5;

Sl 141,2; Ap 8,3-4; Lc 1,9). Foi um dos presentes que os magos ofereceram a Jesus (Mt 2,11).

Inerrância

Qualidade que possuem os escritos bíblicos, derivada da inspiração, com a qual se indica seu aspecto de verdade e, consequentemente, de ausência de erro (Jo 10,35; Lc 24,44; 2Tm 3,16). Ver: *Cânon; Inspiração.*

Inferno

(*"Mundo subterrâneo"* ou *"Residência dos espíritos inferiores"*). Inicialmente era concebido como o mundo inferior ou inframundo nas antigas cosmologias (céu - terra - subsolo). Posteriormente, designou o mundo dos mortos, entendido como um lugar solitário, tenebroso e frio chamado *sheol.* Foi assumido ainda como lugar de castigo, fogo eterno, "de pranto e pavor", de trevas ou de dor (Lc 3,9; Mt 8,10; 13,50; Mc 9,48), ou antes como simples morada dos mortos (sepulcro) ao qual Jesus desce para resgatá-los (Lc 16,23-36; At 2,24-31; 1Pd 3,18-20; 4,6). Também equivale ao afastamento de Deus e à perdição (Jo 3,16-18). Ver: *Abadon; Seio de Abraão; Seol ou Sheol.*

Inspiração

Qualidade dos escritos bíblicos que assinala sua origem divina (2Pd 1,21; 2Tm 3,16). Embora o conceito e o qualificativo correspondentes sejam raros na própria Escritura, afirma-se que essas palavras são santas; Deus, Jesus as disse, ou as sugere o Espírito; são verdadeiras e proféticas (Jo 20,31; Rm 3,2; Hb 1,1-2). Ver: *Cânon; Inerrância.*

Ira de Deus

Ver: *Antropopatismo.*

Irmãos de Jesus

Expressão genérica e imprecisa com a qual se designam no Novo Testamento alguns parentes diretos de Jesus: Tiago, José, Judas e Simão (Mt 12,46; 13,55; Mc 6,3). O equívoco que leva a tentativas de ver na expressão a menção de irmãos carnais de Jesus deriva do termo hebraico *aj* subjacente, que também pode significar primo, parente, próximo, compatriota, colega, membro da mesma profissão, sobrinho, amigo, além de irmão.

Isaac

(*"Que Deus sorria"*, *"Que Deus seja favorável"*). Patriarca, filho de Abraão, tipo do Messias pelo anúncio de seu nascimento e seu sacrifício no país de Moriá (Gn 18,10-25; 21-22). Casou--se com Rebeca e foi pai de Esaú e de Jacó (Gn 24,1-28,5). O Novo Testamento o chama "filho da promessa" (Rm 9,7-9; Gl 4,28) e o toma como símbolo da fidelidade (Hb 11,17-18).

Isabel

(*"Meu Deus é plenitude"* ou *"Deus jurou"*). Descendente de Aarão, esposa do sacerdote Zacarias, prima de Maria e mãe de João Batista (Lc 1,5-13.36). Residia com seu esposo em um povoado da Judeia onde Maria foi visitá-la e felicitá-la por sua maternidade (Lc 1,39-58).

Isaías

(*"Deus é salvação"*). Profeta dos séculos VIII-VII a.C., vizinho da corte de Jerusalém e grande escritor. Chamado o "Cervantes da Bíblia" por sua arte literária e o "Quinto evangelista" pelos grandiosos oráculos sobre o Messias, registrados no livro que leva seu nome.

Livro de Isaías. Por seu tamanho, época de composição de sua primeira parte e riqueza de

98 / Isaías

temas, encabeça a lista de todos os escritos proféticos. Seus temas preferidos são a santidade de Deus, o Messias e a salvação. Supõe-se geralmente que, sendo um escrito tão rico, provocou acréscimos de profetas posteriores que se apoiaram no seu renome para intercalar suas próprias obras. Ordinariamente se lhe reconhecem três partes e a seus autores se lhes chama pela ordem: Proto-Isaías, Dêutero-Isaías, Trito-Isaías.

Proto-Isaías. Contém uma introdução geral aos 66 capítulos de toda a obra, à maneira de resumo (Is 1); oráculos messiânicos (2-12); outros oráculos sobre os povos estrangeiros (13-23); novas promessas e ameaças contra Israel e Judá (28-33); e uma secção histórica sobre a atividade do profeta junto do rei Ezequias (36-39).

Dêutero-Isaías. Compreende a secção Is 40-55 e está apresentada como um "folheto de consolação" para os deportados à Babilônia, nos quais se destacam os temas da nova criação, do novo êxodo e do Servo de Javé (Is 42,1-4; 49,1-6; 50,4-9; 52,13-53,12).

Trito-Isaías. Compreende Is 56-66. A secção surgiu no século V a.C. e compreende oráculos sobre a salvação estendida a todos os povos.

Secções apocalípticas. São os capítulos 34-35 que compreendem o anúncio do juízo divino (aproximadamente do século V a.C.) e 24-27 que é uma espécie de texto litúrgico com um quadro de desastres e cataclismos contra os inimigos de Deus (aproximadamente dos séculos IV-III a.C.).

Literatura apócrifa. No século II a.C. surgiu o *Martírio de Isaías*, breve escrito de cinco capítulos em que se dava um esboço hagiográfico sobre o profeta Isaías e servia de consolação às vicissitudes históricas do momento. Outro escrito, *A Ascensão de Isaías*, chamada também *Visão de Isaías*, contém as visões celestes que o profeta teria tido em seu rapto celeste para o sétimo céu. Foi escrito no século II da era cristã por um judeu-cristão em linguagem apocalíptica. Ambos os escritos costumam aparecer em um só: *Ascensão de Isaías*.

Ismael

(*"Deus escuta"* ou melhor, como augúrio: *"Que Deus escute"*). Entre todos os personagens do mesmo nome (1Cr 8,38; 2Cr 19,11; 2Rs 25,25; Jr 41,1-3) destaca-se um filho de Abraão e Agar, meio-irmão de Isaac e ancestral dos ismaelitas (Gn 16; 17,18-27; 21,8-21). Segundo as várias tradições que a ele se referem, vive no deserto, aparece muito próximo ao patriarca Abraão, é pai de 12 filhos e vive até os 137 anos (Gn 16,15-16; 17,22-27; 25,12-18).

Ismaelitas. Tribo nômade, dedicada à criação de camelos ao norte da Arábia, ligada a Agar e Abraão (Gn 37,25-28).

Israel

(*"Que Deus combata"* ou *"Que Deus se mostre forte"*). Nome atribuído ao patriarca Jacó a partir do relato que o apresenta em luta misteriosa com Deus (Gn 32,23-33; 35,10). Aparece como denominação das 12 tribos e do território que ocuparam. Tanto o nome como o patronímico designam o povo de Abraão em sentido religioso (Jo 1,47; At 2,22). O apóstolo Paulo fala de "Israel de Deus" referindo-se ao novo povo dos que creem em Jesus para distingui-los do antigo Israel histórico ou Israel de carne (Rm 9,4; 1Cor 10,18; Gl 6,16).

Issacar

(*"Homem de pagamento"*, *"De rendas"* ou *"Obtido por recompensa"*). Filho de Jacó e de Lia, epônimo da tribo que leva seu nome, cujo território se encontrava na fértil planície chamada de Esdrelon. Por isso seu nome também poderia significar "rico", "assalariado" (Gn 30,13-18; 46,13; 49,14-15; Dt 33,19; Js 19,17-23).

Jacó

(*"Deus protege"*). Irmão gêmeo de Esaú e filho de Isaac e Rebeca (Gn 25,21-26). Ganha a primogenitura, ajudado por sua mãe, e recebe a bênção paterna. Por isso foge de seu irmão e emigra para Aram, onde se casa com Lia e Raquel e de onde escapa novamente para a Palestina (Gn 25,19-35,26). Em sua velhice, perde seu filho José, vendido por alguns de seus outros filhos. Viaja para o Egito para reencontrar-se com ele e deixa a todos as suas bênçãos em forma de testamento (Gn 46-50). Interpretações e estudos recentes falam de Israel como pai dos "josefitas" (Manassés e Efraim) e de Jacó como antepassado dos filhos de Lia (Gn 35,23-26). Ambos os patriarcas seriam diferentes, mas se resumiriam em um só (Jacó-Israel), quando o primeiro adotou as tradições do segundo (Gn 48,8-20).

Jafa ou Jope

(*"A Bela"*). Cidade e porto marítimo ao sul de Cesareia. O apóstolo Pedro ressuscitou aí a Tabita, talvez uma viúva consagrada a Deus. Pedro teve aí uma visão na qual lhe foi indicada a vontade divina a respeito dos pagãos (At 9,36; 10,24).

Jairo

(*"Que Deus ilumine"*). Com este nome hebraico, o Antigo Testamento lembra um dos juízes menores, que tinham grande poder em Galaad (Jz 10,3-5). Com o equivalente grego, o Novo Testamento recorda um judeu, chefe da sinagoga de Cafarnaum. Agonizando sua filha, mandou um recado a Jesus solicitando sua ajuda.

Este acudiu à casa do judeu e lhe devolveu sua filha completamente sã, alegando que ela "estava dormindo" (Mc 5,22-24.35.43) e anulando todos os preparativos funerários.

Javé

Nome que Deus revela a Moisés e com o qual deseja ser invocado (Êx 3). Discute-se sua etimologia, sentido e forma primitiva. Alguns chegam a interpretá-lo como "Eu sou aquele que sou", "Eu trago a existência" (= faço existir), "Eu sou o Existente", "Eu sou o Vivente"; outros o interpretam em forma exclamativa: "Ó El!". Por respeito a tal nome divino de acordo com o segundo mandamento, a tradição bíblica o substitui por *Adonai* (o Senhor), *O Nome, Os Céus.* Aparece abreviado em nomes teóforos (que incluem o nome divino) como Joel ("Javé é Deus"), Jesus ("Javé salva"), Isaías ("Salvação é Javé"). O nome completo aparece em alguns lugares de culto pelas teofanias que ali se deram: *Yahvé nissi* (Javé é meu estandarte: Êx 17,15), *Yahvé shalom* ("Deus é paz": Jz 6,24), *Yahvé yiréh* ("Deus proverá": Gn 22,14). Em outros casos, o nome divino se reforça para assinalar sua majestade como no caso de *Yahvé tsebaót* que se costuma traduzir como "Senhor dos exércitos" (Os 12,6; Am 3,13).

Jefté

(*"Deus abre"* ou *"Deus liberta"*). Juiz e guerreiro libertador dos israelitas da dominação dos amonitas (Jz 11,1-12,7). Sua história encerra-se tragicamente, pois antes de sua vitória prometeu sacrificar a primeira pessoa que encontrasse na sua volta, e aconteceu encontrar sua própria filha. A história de Jefté tem várias implicações teológicas: a promessa ou juramento a Deus deve cumprir-se por desagradável que seja; o eleito pelo Espírito para uma missão não responde necessariamente às exigências e pontos de vista humanos, como no caso de Jefté que foi filho de uma prostituta, um pobre deserdado e foragido;

Jejum

Uma das três práticas principais da piedade bíblica junto com a esmola e a oração (Mt 6,2-18). Não só incluía abstenção de alimentos como também de relações sexuais e de enfeite pessoal (Is 58,3-7; Jl 2,16). Assinalava o arrependimento e era preparação ao encontro com Deus ou ao cumprimento de uma missão (Êx 34,28; Jz 20,26; 1Rs 21,27; Mc 1,13; At 14,23).

Jeová

Forma artificial de pronunciar o nome divino a partir das vogais do termo *Adonai* ("Meu Senhor"), acomodadas ao tetragrama divino *YHVH*. O costume, iniciado ao que parece por Pedro Galatino por volta de 1520, é utilizado comumente pela tradição protestante, embora derive do antigo costume judaico de evitar pronunciar tal nome por respeito ao mesmo ou substituindo-o com equivalentes de louvor como "Os Céus", "O Nome".

Jeremias

(*"Javé eleva"* ou *"Javé abre o seio"*). Profeta que iluminou Judá nos tempos mais difíceis e críticos de sua existência, aproximadamente entre os anos 640 e 580 a.C.

Livro de Jeremias. O escrito atribuído ao profeta homônimo e que seu companheiro e secretário Baruc escreveu registra: múltiplos oráculos daquele e algumas secções simbólicas contra Judá (Jr 1-25); outros oráculos positivos referentes à salvação (Jr 26-45); alguns mais contra os povos limítrofes de Judá (Jr 46-51); e um anexo histórico (Jr 52; 2Rs 24,18-25,30). Algumas secções foram assinaladas por sua profundidade e novidade: ambas chamadas "confissões" do profeta em que se desabafa diante de Deus pelo que lhe toca viver (Jr 11,18-23; 12,1-6; 15,10.15-20;17, 14-18; 18,18-23; 20,7-18); seus pesares e martírio (Jr 37-38; 40-44); o chamado "Livro da consolação" (Jr 30-33), que apresenta um dos vértices da revelação do Antigo Testamento (Jr 31,31-34). Seus comoventes oráculos abordam críticas e contribuições nos campos político, religioso e de justiça social.

Carta de Jeremias. Escrito homilético, largamente discutido a propósito de sua canonicidade (cânon), tempo de redação (séculos IV-II a.C.) e tema (a idolatria), atribuído ao profeta dos séculos VII e VI a.C., escrito em grego e acomodado no final do *Livro de Baruc* (Br 6).

Lamentações de Jeremias. Cinco elegias sobre a ruína de Jerusalém no ano 587 a.C. e suas consequências. São poesias trágicas e patéticas, em que se desenha a queda de um povo e seu sentido religioso. Foram atribuídas a Jeremias (2Cr 35,25), embora tenham sido escritas mais exatamente entre os séculos VI e IV a.C.

Jericó

A cidade mais antiga (8.000 anos a.C.) e a mais baixa do mundo (uns 350 metros abaixo do nível do Mediterrâneo). Na Bíblia aparece conquistada por Josué em sua entrada na Palestina (Js 5-7). Aí e em seus arredores atuaram os profetas Elias e Eliseu (2Rs 2). Jesus foi batizado e tentado, curou dois cegos e visitou Zaqueu nela e nos seus arredores (Mt 4,1-13; 20,29; Lc 19,1-9). Em Qumrán, localidade vizinha de Jericó, viveram os essênios.

Jeroboão

(*"Que o povo cresça"* ou *"Quem luta pelo povo"*). Nome de dois grandes reis.

Jeroboão I. Foi o primeiro monarca do reino de Israel entre os anos 928 e 907 a.C. Proclamou a independência das tribos ao norte de Judá depois de ter solicitado melhor vassalagem e tratamento de Roboão, Rei de Jerusalém. Fortificou algumas cidades e estabeleceu um sacerdócio e santuários em Betel e Dan, que foram considerados posteriormente como causa de um javismo não íntegro, quase cismático, chamado "pecado de Jeroboão" (1Rs 13; Dt 12,2). Suas ações e medidas político-religiosas foram apoiadas ou criticadas por alguns profetas da época (1Rs 12,1-26; 13,1-10; 14,1-20).

Jeroboão II. Governou também o Reino de Israel entre 783 e 743 a.C. Proporcionou o auge econômico, político e militar do país mas favoreceu o laxismo social e a injustiça que lhe valeram as duras críticas de seus contemporâneos, dos profetas Amós e Oseias (2Rs 14,23-29; Am 5,21-27; 6,1-7; 7,8-9).

Jerusalém

(*"Lugar de Deus Shalon"* ou *"Cidade de paz"*). Originalmente, a localidade pertenceu aos judeus, antiga tribo da Palestina; depois, passou às mãos de Davi como conquista e propriedade; finalmente, virou capital do Reino de Judá e sede do santuário central. Em suas profecias, os profetas a transformaram em símbolo de magnificência, habitação de Deus, eixo de salvação e sinal dos tempos futuros. Chama-se Cidade de Davi, Sião messiânica, Cidade de Deus e imagem da cidade celeste futura (2Sm 6-7; 1Rs 6-8; Jl 4,9-17; Is 60-62; Ap 21). É síntese de toda a história da salvação, pois aí morreu, ressuscitou e apareceu Jesus aos cristãos (Lc 9,51; 19,28-24,49; At 1-7).

Jesus

(*"Javé salva"*, *"Deus é a salvação"*). Nasceu de Maria pelo ano 6 a.C. e morreu entre os anos 29 e 33, segundo o atual cômputo da era cristã. Depois de sua infância e juventude em Nazaré, começou a reunir discípulos e a pregar na Galileia o reino de Deus com palavras, parábolas e sinais milagrosos. Morreu crucificado em Jerusalém, ressuscitou e por algum tempo apareceu a seus discípulos. Fizeram-no nascer em Belém de acordo com as Escrituras (Mq 5,1-2; Mt 2,1-6; Lc 2,1-20) e os escritores do Novo Testamento o chamam Cristo, Senhor, Filho de Davi, Filho de Deus, Filho do homem, Salvador e lhe atribuem mais outros 60 títulos e qualificativos. Ver: *João, Lucas, Marcos, Mateus.*

Jesus Cristo

União de um nome de pessoa, Jesus, e outro de função, confissão de fé e atividade messiânica, Cristo (Mt 11,1.18; 16,21; Mc 1,1; Jo 1,17; 17,3). O nome em seu conjunto assinala a confissão mais direta sobre o messianismo de Jesus, o reconhecimento do Filho de Deus em carne humana, porém glorioso e, ao mesmo tempo, a manifestação (epifania) divina mais concreta: "Jesus é o Cristo". Enquanto título cristológico, Jesus Cristo resume toda a salvação que Deus oferece ao homem: prometida na antiga aliança e realizada na nova.

Jó

(*"Onde está o pai?"*, *"Inimizado "*, *"Arrependido"*). Antigo e quase lendário personagem, símbolo do homem justo (Ez 14,14.20). O mesmo ou outro personagem aparece como protagonista do escrito que leva seu nome.

Livro de Jó. Drama sapiencial em forma de extensos diálogos e monólogos em que um homem do país de Hus, piedoso, paciente e de fé, aborda o tema de seu próprio sofrimento e o da retribuição, questionando os dados religiosos e as doutrinas de sua época. A partir de sua falência e decadência causadas por Satã, anjo da corte divina, Jó procura descobrir a causa de seus males com a ajuda de seus amigos ou mesmo em franco desacordo com eles. Os estudos recentes descobriram uma antiga história (século X e IX a.C.) sobre um homem justo que sofre e, finalmente, é reabilitado por Deus (Jó 1-2 e 42,7-17), acrescentaram-lhe um monólogo (Jó 3), uma série de diálogos (4-27), outro monólogo (29-31) e um relato de teofania (38,1-42,6) nos meados do século V a.C. e, posteriormente, outro discurso sobre a sabedoria (Jó 28), em algum momento dos séculos IV e III a.C. Seja como for, o dramatismo, a poesia, a tensão e a confissão final sobre a miséria de Jó (42,1-6) fazem do escrito um dos "clássicos" do Antigo Testamento.

Joab

(*"Javé é pai"*). Era filho de Sárvia, irmão de Davi e, consequentemente, sobrinho deste. Desde jovem uniu-se ao exército de Davi e, por seu valor e façanhas, se destacou tanto que foi nomeado general e chefe de todo o exército (1Sm 26,6; 2Sm 8,16; 20,23). Distinguiu-se na conquista de Jerusalém (1Cr 11,6-8) e nas batalhas de Gabaon e de Rabá, a atual Aman, capital da Jordânia (2Sm 2,17; 11,1-7; 12,26-31). Seu valor militar contrastava com sua prepotência sanguinária contra os vencidos (massacre de edomitas: 1Rs 1,15-16), sua falta de escrúpulos ao assassinar Abner por temor de concorrência no cargo (2Sm 3), a Absalão por ter-se rebelado contra o rei Davi, seu pai, e ter destruído a própria colheita (25m 14-18) e a Amasá por sua nomeação de general (2Sm 19,14; 20,4-10); e por suas ameaças ao próprio Davi (2Sm 19,2-8). Morreu justiçado por ordem de Salomão (1Rs 2,5.22.28-33). Ver: *Abner*.

João

(*"Javé fez graça"*). Filho de Zebedeu, irmão de Tiago Maior, e apóstolo de Jesus (Mt 4,21; 10,2; Mc 3,17). Foi um dos discípulos mais próximos ao Mestre e logo muito considerado na comunidade judaico-cristã primitiva (Mt 17,1; At 4; Gl 2,9). Algumas tradições identificam-no com o discípulo amado" mencionado no quarto evangelho, considerado autor deste, de três cartas e do Apocalipse (Ap 1,1.4.9; 22,9) e mártir.

Cartas de João. Assim se chamam dois escritos epistolares dirigidos pelo "Presbítero" (Ancião) a Electa (talvez uma comunidade) e a Caio, e um pequeno tratado sobre a vida cristã como comunhão com Deus e sua prática visível no amor ao próximo (*1João*).

Evangelho de João. Quarto evangelho que segue perspectivas diferentes das dos sinóticos, surgindo entre os anos 90-95. O escrito contém duas secções principais: uma dedicada aos sinais de Jesus, enquanto Enviado, Senhor e Cristo (Jo 1-12) e outra dedicada à sua glorificação, identificada esta com a morte de Jesus (Jo 13-20), ambas encerradas com um apêndice (Jo 21) e precedidas por um hino inicial (Jo 1,1-18). Ver: *Lucas, Marcos, Mateus, Sinopse.*

João Batista

Ver: *Batista.*

Joaquim

(*"Javé estabeleceu"* e *"Javé levanta"*). Nome que aparece nos últimos reis de Judá.

Joaquim. Foi rei de Judá entre os anos 609 e 598 a.C. e vassalo do faraó Necao. Atropelou seus opositores políticos e religiosos como os profetas Urias, Jeremias e Baruc (Jr 26; 2Rs 23,36-24,7). Opôs-se ao imperialismo da Babilônia e talvez tenha morrido em consequência dessa política.

Joaquin. Filho do anterior, reinou três meses em Judá no ano 598 a.C., pois foi deportado por Nabucodonosor para a Babilônia junto com as pessoas mais poderosas, os intelectuais e os cortesãos mais notáveis da hierarquia judaica (2Rs 24,8-17). Sua deportação durou provavelmente até o ano 569 a.C. quando começou a ser tratado de acordo com a sua posição até sua morte (Jr 52,28-34).

Joel

(*"Javé é Deus"*). Nome próprio bastante comum no Antigo Testamento (1Cr 4,35; 2Cr 29,12; Esd 10,43; Ne 11,9). Com o mesmo nome houve um profeta, cujo escrito está catalogado entre os chamados "profetas menores" e ocupa o segundo lugar depois de Oseias.

Livro de Joel. Documento bíblico escrito entre os séculos VI e V a.C. Contém impressionantes apelos à conversão através de uma linguagem apocalíptica na qual o "Dia do Senhor" já não é um tempo típico do passado nem um modelo final a atingir quanto um opressivo e angustiante acontecimento que a qualquer momento pode sobrevir em forma de um cataclismo cósmico e de um julgamento dos povos (Jl 2-4). Ver: *Apocalipse; Dia do Senhor.*

Jonas

(*"Pomba"*). Profeta desconhecido do século VIII a.C. (2Rs 14,25), logo reconhecido como protagonista do livro que leva seu nome.

Livro de Jonas. Escrito mais sapiencial que profético, provavelmente do século V a.C. No livrete, universalista e missionário, o protagonista Jonas foge para não cumprir a vontade e a missão que Deus lhe encomendou. Vítima de uma tempestade no mar, é devorado por um cetáceo que logo o vomita. Vai pregar aos habitantes de Nínive, sem compreender a benevolência de Deus para os estrangeiros, pagãos e inimigos por antonomásia. Mais que oráculos contra a perversidade dos pagãos, o escrito apresenta em forma de parábola uma crítica aos judeus que se consideram únicos eleitos, selecionados pelo amor de Deus, mas que estão fechados à misericórdia, envaidecidos e ciumentos do que consideram suas prerrogativas diante de Deus (Jn 1,3; 4,10-11).

Jônatas

(*"Javé doou"* ou *"Dom de Deus"*). Entre os personagens bíblicos do mesmo nome, um filho do rei Saul e outro de Matatias. O primeiro foi grande amigo de Davi a quem ajudou a escapar da fúria de seu próprio pai (século X a.C.). Morreu em Gelboé durante uma batalha contra os filisteus (1Sm 14; 20; 31; 2Sm 1). O outro pertenceu à família dos Macabeus (séc. II a.C.). Morto seu irmão Judas, dirigiu a resistência judaica contra os sírios, levou a pátria à independência, foi nomeado sacerdote e, depois de várias intrigas religiosas e políticas, morreu assassinado no ano 142 a.C. (1Mc 9,23-13,20).

Jorão

(*"Javé eleva"* ou *"Javé está em lugar eleva-do"*). Rei judaico de Jerusalém, filho de Josafá. Reinou entre 848 e 841 a.C. Casou-se com Atália por quem introduziu o culto a Baal em Jerusalém e teve uma política desatinada com os remos vizinhos. Sua impiedade e crimes foram interpretados como um "açoite de Deus". Segundo uma tradição, o profeta Elias dirigiu-lhe uma carta de admoestação (2Rs 8,16-23; 2Cr 21,1-20). Outro monarca do mesmo nome reinou na Samaria (852-841 a.C.). Sofreu um revés militar frente a Mesha, rei de Moab, como consta de uma estela que este deixou (2Rs 3,1-27; 6,24-33; 9,1-10,11).

Jordão

(*"Rio que desce"*). Rio entre os atuais países Israel e Jordânia, de 200 quilômetros em linha reta *e* 400 de longitude real por numerosos meandros que tem, situado entre o lago de Genesaré e o Mar Morto. Em sua margem vizinha de Jericó acamparam os hebreus e suas águas se detiveram para que estes as pudessem atravessar, como havia sucedido de forma semelhante no Mar dos caniços na época do êxodo do Egito (Js 3-4). Em suas águas Naaman foi curado de sua lepra e o

110 / Josafá

rio foi cenário da travessia milagrosa e do rapto celeste do profeta Elias (2Rs 2; 5). Jesus pregou perto dele e em suas águas foi batizado por João Batista (Mc 1,5.9; 10,1; Jo 1,19-40; Mt 3).

Josafá

(*"Javé julga"*). Quarto rei de Judá que governou entre os anos 870 e 846 a.C. Seu reinado distinguiu-se como uma época próspera e pacífica para Jerusalém por suas oportunas medidas políticas e religiosas como a destruição dos lugares destinados à prostituição sagrada e suas relações diplomáticas com os vizinhos (1Rs 22,1-51; 2Cr 17,1-21,1).

Vale de Josafá. Chama-se assim o lugar em que, de acordo com uma tradição e interpretação apocalípticas, Deus reunirá no fim dos tempos todas as nações para o julgamento final (Jl 4,2.12.14). Tradições posteriores localizaram esse "Vale do Juízo" no Vale do Cedron.

José

(*"Que Deus acrescenta"*). José, o patriarca ou *"O Egípcio"*. Filho predileto de Jacó, sonhador, vendido por seus irmãos aos madianitas, encarcerado no Egito e logo ministro do faraó. Sua figura, novelesca e triunfadora, aparece como símbolo do justo que sofre e triunfa e do sábio que sabe interpretar os sonhos porque Deus está com ele (Gn 37,2-36; 39-48; 50).

José de Arimateia. Piedoso e rico judeu, simpatizante de Jesus, que colaborou com Nicodemos na sua sepultura (Mt 27,57-59; Jo 19,38).

José, esposo de Maria. Descendente de Davi, homem justo, originário de Belém. Casou-se com Maria, Mãe de Jesus, e cuidou de ambos, emigrando para o Egito e ensinando a Jesus seu ofício de artesão. Seus contemporâneos conheceram Jesus como "filho de José" (Mt 1,16-2,23; Lc 2,4-52; 3,23; 4,22). É tipo do homem justo, bondoso e humano, cujo silêncio simboliza a abertura para

Deus e seu trabalho, disponibilidade e empenho na criação do mundo novo do qual participam outros homens "justos" da Escritura (Noé, Abraão, Jó).

Josias

(*"Javé assiste"* ou em forma de augúrio: *"Que Javé ajude"*). Rei de Judá do ano 640 a 609 a.C. Em seu tempo se descobriu um livro sagrado (talvez Dt 12-26) que provocou muito rebuliço em uma reforma religiosa iniciada em Judá e estendida à Samaria (2Rs 22-23; 2Cr 34-35). Este movimento de renovação provocou uma grande mudança em Jerusalém, uma nova devoção ao javismo, uma reestruturação religiosa e a consequente decadência dos cultos pagãos com seus altares e ministros.

Josué

(*"Javé salva"*). Filho de Nun, braço militar de Moisés durante o êxodo (Êx 17,9-14) e, assim que este morreu, foi seu sucessor, guia e chefe dos hebreus durante seu estabelecimento na Palestina.

Livro de Josué. O escrito é um prolongamento do Pentateuco e propõe o cumprimento das promessas aos pais: o estabelecimento e a distribuição de uma nova terra. Ademais, o livro descreve os diversos choques com as tribos e os povos já estabelecidos da Palestina, a liderança de Josué e a renovação da aliança com Deus em Siquém (Js 24).

Judá

(*Talvez: "Louvado seja Deus"?*). Um dos filhos de Jacó e antepassado de uma tribo israelita (Gn 29,35; 49,8-12). Do século XI a.C. em diante a tribo se impôs às demais, ocupou a parte sulina da Palestina à qual deu seu nome, ainda que como Judeia tenha-se estendido o nome a todo o território (Js 15; Lc 1,39; At 1,8).

112 / Judas

A tribo mostrou sua vitalidade e grandeza nos personagens que surgiram dela: Davi, os reis do Reino de Judá, profetas e Jesus.

Judas

(*"De Judá"* ou *"Da Judeia"*). Judas, irmão de Jesus. Possivelmente primo de Jesus, a quem se atribuiu a *Carta de Judas,* sobre diversos erros, escrita entre os anos 80 e 100.

Judas Iscariotes. Discípulo de Cristo, encarregado da economia do grupo apostólico e chamado sistematicamente "O Traidor" por haver entregue seu Mestre nas mãos das autoridades judaicas. Atribui-se-lhe uma morte trágica (Jo 6,71; Mt 26,15-24.47-50; 27,3-10; At 1,19-21).

Judas Macabeu (*"Martelo"*). Filho de Matatias, iniciador da resistência político-militar e religiosa dos judeus contra os reis helenistas sírios no século II a.C. (1Mc 3,1-9,22; 2Mc 8-15).

Judas Tadeu. Foi discípulo de Jesus, filho ou irmão de Tiago (não o apóstolo) que foi identificado com outro apóstolo chamado Tadeu (Lc 6,16; Mt 10,3; Jo 14,22; At 1,13).

Judeia

Ver: *Judá.*

Judeu-cristãos

Cristãos dos primeiros quatro séculos, de tradição judaica, que refletiram sua fé em Jesus com características, tendências, mentalidade e linguagem judaicas bastante acentuadas. A comunidade de Jerusalém seguiu a linha de Tiago Menor, personagem muito considerado pelos judeus e pelos cristãos em geral (At 11,17; 15,13-21; 21,17-25). Os grupos posteriores tiveram de enfrentar a hostilidade dos judeus, a incompreensão dos helenocristãos e as divisões internas, situações que os levaram ao desaparecimento entre os séculos IV e VI. Ver: *Helenocristãos; Tiago.*

Judite

(*"A Judia"*). Viúva piedosa, heroína do Livro de Judite. Morto seu esposo, levou uma vida penitente em Betúlia até que a iminente invasão do general babilônio Holofernes e uma inspiração divina em favor de seu povo a levaram ao acampamento deste onde o degolou, libertando o seu povo.

Juiz

Nome dado pela tradição bíblica aos líderes carismáticos que guiaram diversas tribos israelitas quando do seu estabelecimento em território palestino. São conhecidos como maiores ou menores segundo o peso de suas façanhas e a fama que a tradição lhes reservou. Por outro lado, os profetas criticaram duramente os distribuidores de justiça em Israel durante o período monárquico (séculos X-VI a.C.) por seu oportunismo, venalidade e injustiça como também pela situação inumana que toleram (Am 2,6; 5,10.12.15; 8,6; Dt 17,8-20).

Livro dos juízes. Escrito pertencente à tradição deuteronomista que revisa o passado em função do presente. Os protagonistas, com humor e tons folclóricos, aparecem quando o povo, depois de ser favorecido por Deus, segue os costumes cananeus, perverte-se, sofre a hostilidade de seus vizinhos e corre para sua libertação (Jz 2,11-19; 3,7-11). Em narrações vivas e heroicas, o escrito exalta os antigos heróis nacionais que organizaram e unificaram as tribos hebreias entre os séculos XII e XI a.C. Como menores se fala de Otoniel, Ehud, Shamgar, Débora (a única mulher entre eles, apoiada por Barac), Tolá, Jair, Ibsã, Elon e Abdon; os maiores são Gedeon, Jefté e Sansão; e o primeiro livro de Samuel apresenta Samuel na qualidade de sacerdote, profeta e último Juiz (1Sm 3,7-8; 12).

Juízo final

De acordo com as concepções de justiça nos tempos e ambientes bíblicos, Deus foi apresentado como rei e juiz da humanidade, cuja atividade se estendia à alternância de prosperidade e desastre do cosmos e à conduta humana que respondia a esses acontecimentos. Ocasionalmente, Deus intervinha diretamente ou ainda através de seus mensageiros e censurava a conduta dos homens. Por último, esta censura definitiva foi transportada para o final da história como beneplácito em favor dos eleitos e castigo para os inimigos, à maneira de processo ou audiência que alguns autores adiantaram ao seu presente ou identificaram com acontecimentos de sua época. O evento se coloriu, então, com sinais prévios e conse-quências (1Sm 2,10; Jl 3) para terminar como sessão judicial em que se selecionavam os bons e se condenavam os maus (Mc 13; Mt 25). Ver: *Dia do Senhor, Hora.*

Juramento

É um apelo à intervenção extraordinária e atual de Deus mais que solicitação de sua presença como testemunha do que se diz. Esta é a razão do mandamento do AT e do convite de Jesus a dizer "sim" ou "não" (Êx 20,7; Mt 5,33-37; Tg 5,12).

Justiça

Em seu sentido profundo é a ação salvífica de Deus que se mostra efetiva, isto é, "ao divino", e que tende a participar com harmonia, paz e felicidade. Sua expressão máxima é o próprio Jesus. Assim pois, o que crê é justo ou pratica a justiça quando realiza o ideal segundo o qual foi plasmado e com a finalidade para a qual se lhe pedem compromisso e resposta. Por isso, mais que característica, a Escritura apresenta os casos de Henoc, Noé, Abraão e José, esposo de Maria, como homens justos que caminham "diante de" ou "com" Deus (Gn 5,22; 6,9; 17,2; 22; Mt 1,19), ou lhe falam face a face como Moisés (Nm 12,6-8). Numerosas passagens acentuam para os tempos messiânicos tanto a abundância da justiça como seus praticantes (Hab 2,4; Lc 2,25; Mt 5,6-10; Rm 1,17). Mas esta situação não chegará por si mesma, e sim por Cristo que justifica a todos (Rm 3,23-25; 4,5), cuja evidência se dá nas obras do que crê (Tg 2,21-24).

Kerigma

(*"Proclamação"* ou *"Pregação"*). Indica o anúncio de Cristo enquanto Messias e Salvador, ressuscitado por Deus, que convida à conversão, requisito para que se manifeste como Senhor dos vivos e dos mortos. Vários discursos dos Atos apresentam seus conteúdos essenciais: as Escrituras se cumprem em Jesus. Ele realiza as obras de Deus através de suas palavras e ações. Morre, porém é ressuscitado por Deus para uma vida nova, foi elevado aos céus e comunicou seu Espírito. Virá para inaugurar uma vida nova e, aderindo-se a ele pela conversão, se recebe a salvação (At 2,14-36; 3,12-26; 4,8-12; 10,43-43; 13,26-47).

Koiné

(*"Comum"*). O qualificativo se aplica ao idioma grego que se falou entre o ano 340 a.C. e o século IV da nova era, aproximadamente. Foi a língua em que se difundiu o helenismo com seus valores, ideais e cosmovisão. Se por um lado esse idioma se afasta do grego clássico, por outro se facilita e se enriquece com contribuições populares. E a língua em que estão escritos o Novo Testamento e a primeira literatura cristã.

Labão

(*"O Branco", "O Louro"*). Arameu, filho de Betuel, irmão de Rebeca e pai de Lia e de Raquel a quem fez casar com Jacó a troco de seu trabalho. Quis tirar proveito do patriarca e terminou fazendo aliança com ele (Gn 29,1-32,1).

Lago de Genesaré

Situado na Galileia, tem 21 quilômetros por 11 de extensão e sua superfície está a 212 metros abaixo do nível do Mediterrâneo.

Em suas margens e águas se deram a vocação dos primeiros apóstolos, a atividade e algumas epifanias de Jesus: tempestade acalmada, caminho sobre as águas, encontro com seus discípulos depois de sua ressurreição (Mc 1; 4; 6,30-54; Jo 21). Por suas características foi assumido como símbolo de vida, metáfora do mal e fronteira com o mundo pagão (Mc 4,35-5,20). Chama-se Mar da Galileia ou de Tiberíades e é um dos lugares na Palestina mais evocadores da presença, palavra e atividade de Jesus. Ver: *Cafarnaum; Mar.*

Lamec

Segundo uma genealogia, é descendente de Caim, introdutor da poligamia e, através de seus filhos, epônimo dos pastores nômades, dos músicos e dos forjadores do cobre e do ferro (Eros e guerra: Gn 4,18-24). Segundo outra ge-nealogia, é filho de Matusalém, o patriarca mais longevo (969 anos) e pai de Noé (Gn 5,25-3 1). Na primeira, sua personalidade aparece negativamente (origem da "lei de talião") (vingança prepotente);

na segunda, vem de Set, substituto de Abel, e é símbolo da vida perfeita e plena (777 anos) que frutifica ao dar a vida a "Repouso" (Noé).

Lamentações

Ver: *Jeremias.*

Lapidação

Pena e execução coletiva contra o adivinho, o idólatra, o adúltero e o blasfemo, a qual se efetuava fora do lugar habitado "para extirpar o mal de Israel" (Lv 24,9-16; Dt 22,20-24; Jn 8,2-11). Este também foi o castigo (na perspectiva judaica) ou o martírio (na cristã), infligido a Estêvão (At 6-7).

Lava-pés

Ver: *Pé.*

Lázaro

(*"Deus socorreu"*). Abreviação de Eleazar. Nome de um amigo de Jesus a quem este restituiu a vida em Betânia e apresentado como irmão de Maria e de Marta (Lc 10,38-42; Jo 11). O mesmo nome se dá ao protagonista pobre de uma parábola, tipo do que crê, premiado por sua fidelidade a Deus (Lc 16,19-31). O nome deste personagem indica a ação de Deus nele como doação de vida eterna.

Leão

Símbolo de força, bravura, belicosidade, representante da fauna e sinal do caótico que em qualquer momento pode estraçalhar e engolir. Foi utilizado em relação à tribo de Judá com sentido messiânico (Gn 49,9-10; Nm 23,24) e também para qualificar metaforicamente as

118 / Lei

investidas dos inimigos militares e religiosos dos fiéis (Dn 6,4-24; 1Pd 5,8; Ap 10,3) como também epíteto do mesmo Cristo (Ap 5,5). Seu rugido é comparável à voz profética ou ainda à presença impactante de Deus e à sua soberania (Am 1,2; 3,8; Os 11,10; Is 5,29) ou o perigo diabólico para o que crê (1Pd 5,8).

Lei

Designa, em geral, todas as disposições, ordenamentos e regulamentações com que se regeu o povo bíblico nas diversas etapas de sua história, sobretudo a partir de Moisés, o legislador por excelência. Como "Lei" entendem-se também os cinco livros do Pentateuco e o Antigo Testamento (Mt 7,12; Jo 1,17; Rm 3,19-20) e o conjunto de disposições concretas que, à maneira de pedagogo, orienta para o cumprimento das exigências de Deus (Rm 7). Etimologicamente, a lei é um ensinamento (torá), uma exemplificação e rota a seguir. Teologicamente, é a mesma revelação de Deus, cuja obediência os profetas postulam (Jr 31,33) e Jesus resume como amor a Deus e ao próximo (Mt 5,43-44; 22,36.40; Lc 6,27-28) ao apresentar-se como quem garante seu sentido e interpretação definitivas (Mt 5,17-48).

Conjuntos legislativos. Por sua importância e pela forma condensada em que aparecem, têm-se estudado e destacado alguns conjuntos normativos de importância, como são: o Decálogo ou Tábua dos dez mandamentos (Êx 20,2-17; Dt 5,6-18), o Código da aliança (Êx 20,22-23,19) o Decálogo cultual (Êx 34,11-26), o Código deuteronomístico (Dt 12-26), a chamada Lei da santidade (Lv 17-26), a Regulamentação dos sacrifícios (Lv 1-17), a Regulamentação sobre as festas (Nm 28-29), as Normas sobre a pureza (Lv 11-15) e a chamada Torá de Ezequiel (Ez 40-48), pelo que se refere ao Antigo Testamento. Em tal sentido, o Novo é mais parco, embora aqui e acolá ainda apareçam disposições sobre conduta, obrigações e relações sociais como foram: os Catálogos de vícios a evitar (Rm 1,29-31; 13,13; 1Cor 5,10-11; Gl

5,19-21), os Conjuntos de virtudes (Gl 5,22-23; Fl 4,8; 2Pd 1,5-7), as Tábuas de recomendações familiares (Cl 3,18-4,1; Ef 5,22-6,9; 1Tm 2,8-15, Tt 2,1-10, 1Pd 2,13-3,12), os Catálogos de obrigações ministeriais do bispo: 1Tm 3,1-7; Tt 1,7-9; do presbítero: 1Tm 5,17-19; Tt 1,5-6; do diácono: 1Tm 3,8-13; da viúva consagrada: 1Tm 5,3-16 e outras disposições catequéticas (Hb 6,1-2; 1Ts 4,1-12; 5,13-22; Rm 12-13) e pastorais (1Cor 12-14). Embora a tradição tenha valorizado a tal ponto a lei, fazendo dela quase uma personificação, também reconheceu seu magistério e finalidade religiosas profundas que cantou em alguns salmos (Sl 1; 19,8-14; 119).

Leite e mel

Comida básica para os tempos messiânicos, isto é: festiva, doce, alimentícia, pastoril (Êx 3,8; Is 7,15; Dt 32,13-14), diferente daquela das comunidades agrícolas à base de azeite e vinho. Essa comida apresenta-se como pura (em razão dos seres que a produzem) ao contrário da que se produz pela manipulação (mecanizada) dos frutos da terra; alude também à vida inocente e infantil dos que a consomem.

Lepra

Além de enfermidade, seu aspecto e efeitos sobre a pele eram impedimento para a vida em comunidade e implicava uma impureza perpétua em quem dela padecia (Lv 13-14) e era considerada castigo e sinal de culpa (Nm 12,10-15; 2Rs 5,27; 15,5). Jesus acaba com esta enfermidade, tipo de todas as demais, e ordena a seus discípulos fazer outro tanto como parte do anúncio do evangelho que não é só ensinamento de verdades (Mc 1,40-45; Mt 8,1-4; 10,8; 11,5;26,6). Ver: *Enfermidade*.

Levi

(*"Relacionado com...", "Pertencente a...", "O Comprometido"*). Filho de Jacó e ancestral

120 / Leviatã

de uma tribo a que prediz um futuro lúgubre por suas ações (Gn 34,24-31; 49,5-7). Outra tradição a apresenta de forma positiva e devota, como modelo de zelo por Deus (Dt 33,8-11; Êx 6,16-19). Ao que parece, inicialmente foi uma tribo leiga que logo se especializou em funções sagradas (Js 14,6-16; 19,1-9). Nos tempos da monarquia de Judá os levitas viviam em 48 cidades (Js 21,1-42; 1Cr 6,39-66) e tinham um lugar importante no templo junto aos sacerdotes (1Cr 15-16; 23-26; 1Cr 29-31; 34-35). 1 e 2Crônicas parecem ser obra sua, e a seu autor e compilador (ou compiladores) se chama "Cronista".

Leviatã

Monstro mítico, símbolo do mar, da desordem, do caos anterior à aparição do homem no Éden e também do mal. Aparece associado a outros monstros (Is 51,9-10; Jó 3,8; 26,12-13), em oposição a Deus e a seu povo (Is 27,1; Sl 74,13-14) e como símbolo do Egito (Jo 40,25-41,26), cujo aniquilamento assinalará o triunfo definitivo de Deus (Jó 8,3-8) à maneira de reordenamento da criação.

Levirato

(*"Do latim levir: cunhado"*). Regulamentação bíblica segundo a qual o irmão de um defunto sem prole deve unir-se à viuva, de modo que o primeiro filho de tal união resulte por direito herdeiro do nome e dos bens daquele (defunto). O não cumprimento de tal lei provoca difamação (Gn 38,8-9; Dt 25,5-10; Rt). Com a lei pretendia-se que não se perdesse o nome do defunto e que suas possessões não passassem a mãos estranhas. Jesus aproveitava o tema para referir-se à ressurreição e ao senhorio de Deus sobre os vivos (Mt 22,23-27).

Levítico

Terceiro escrito do Pentateuco chamado assim por seus temas em torno das funções religiosas de levitas e sacerdotes em geral no meio do povo de Deus. O escrito se apresenta como uma espécie de manual de rubricas ou regulamento em que se elencam ordenadamente as disposições sobre os sacrifícios (Lv 1-7), os sacerdotes (8-10), a pureza ritual e moral (11-16), a santidade (17-26) e um apêndice de tarifas (27).

Libação

Era a aspersão ou derramamento de sangue, azeite, água ou vinho no altar como oferta a Deus e rito complementar do sacrifício (Gn 35,14; Êx 29,12; Lv 8,15; 2Sm 23,16; Dt 32,28). Seus efeitos eram a consagração de objetos, lugares ou pessoas; a propiciação; e reforço ao próprio sacrifício.

Libertação

Os termos liberdade e libertação são relativamente escassos na Bíblia, mas seus conteúdos podem encontrar-se nos temas mais amplos da conversão, eleição, salvação, redenção e criação. Embora a Escritura desconheça as noções modernas de independência, liberdade psicológica, autonomia e autodeterminação da pessoa, o tema da libertação aparece atrás da atividade de Deus em favor de seu povo (Êx 3,7-8), do programa de Jesus (Lc 4,18) e como meta messiânica na nova criação (Ap 21-22); leva à conversão e ao perdão; e supõe a eliminação de quanto oprime, estorva, nega ou aliena. Ver: *Enfermidade; Escândalo; Êxodo; Morte; Pecado.*

Lida ou Lod

Localidade judaica de alguma importância depois do exílio e no tempo dos Macabeus (Esd 2,33; Ne 7,37; 1Mc 11,34). O apóstolo Pedro curou ali o paralítico Eneias (At 9,32-35).

Língua

Instrumento e símbolo da fala e da comunicação e meio pelo qual se expressa o coração para louvar, bendizer, maldizer, confessar ou mentir. É sinônimo de boca e lábios (Sl 35,28; Jr 9,2.7; 1Jo 3,18) e sinal do coração e do próprio homem feito som, mensagem, diálogo e expressão de si.

Falar em línguas. Fenômeno extático chamado também glossolalia, que consiste em um louvor a Deus com sons ou idioma estranhos, como o ocorrido entre os apóstolos em Pentecostes e entre cristãos de origem pagã recém-convertidos e reunidos na casa de Cornélio (At 2,1-13; 10,46). Este carisma precisa de interpretação e ocupa um lugar inferior à profecia (1Cor 12,10; 14). Ver: *Boca, Palavra.*

Livros históricos

Escritos bíblicos do Antigo Testamento nos quais domina a narração histórica: *Josué, Juízes, 1 e 2Samuel, 1 e 2Reis, 1 e 2Crônicas, 1 e 2Macabeus, Esdras* e *Neemias.* O histórico na Bíblia não é necessariamente sequência de fatos ou relação de causa e efeito à maneira grega, mas a presença de Deus neles e sua significação para a fé. Os *Atos dos apóstolos* do Novo Testamento pertencem a este grupo.

Livros proféticos

Apelativo genérico dado a quatro escritos maiores (*Isaías, Jeremias, Ezequiel, e Daniel*) e a doze menores (*Oseias, Joel, Amós, Abdias, Jonas, Miqueias, Naum, Habacuc, Sofonias, Ageu, Zacarias e Malaquias*) segundo a tradição católica, derivando-a do texto grego (*Septuaginta*). De seu lado, a tradição hebraica fala de "Profetas primeiros ou anteriores" (os históricos da tradição católica sem os 1 e 2Crônicas nem os 1 e 2Macabeus) e de "Profetas posteriores ou últimos", os antes mencionados, mas sem

Daniel. Longe de indicar adivinhação, previsão do futuro ou interesse sobre o mais além, o profético na Escritura é o esclarecimento da revelação divina para "hoje", a atualização do passado, a interpretação do presente a partir da ótica divina e colocar os contemporâneos diante da vontade, decisão e plano divinos sobre o mundo, a história e o próprio homem. Ver: *Nabi; Oráculo; Profeta.*

Livros sapienciais

Tradicionalmente têm sido considerados assim os *Salmos, Jó, Provérbios, Eclesiastes ou Cohelet, Cântico dos cânticos, Eclesiástico ou Sirácida e Sabedoria,* na tradição católica. A classificação não tem sido de todo exata, pois nem todos os Salmos são sapienciais; o *Cântico dos cânticos* pode classificar-se como conjunto poético de cantos epitalâmicos ou nupciais; *Jó* parece mais um drama; e ao conjunto restante dever-se-ia acrescentar, em troca, alguns escritos com acentuações novelescas, à maneira de "Vidas exemplares" (*Rute, Ester, Tobias, Judite, Jonas*) e passagens amplas do Gênesis (1-11; 37-50) e *Daniel* (13-14). Por outro lado, não há um gênero sapiencial, mas gêneros sapienciais que, de uma forma ou de outra, aparecem praticamente em todos os escritos bíblicos.

Logion ou Logia

(*"Dito", "Palavra"*). Ver: *Ditos de Jesus.*

Longevidade

É característica dos pais, patriarcas e maiorais da comunidade, do próprio Deus na qualidade de "Ancião" venerável, expressão da vida plena e sinal messiânico (Gn 5; Is 65,20; Dn 7,9; Sl 21,5; Pr 3,16), quando o mais jovem "viverá" 100 anos (Is 65,20).

Lot

Sobrinho de Abraão com quem emigrou da Mesopotâmia para a Palestina (Gn 11,27-32; 12,1-20; 13,1-5). Estabeleceu-se em Sodoma, ao sul do Mar Morto (Gn 13,5-18; 14,1-16). Destruída a cidade por causa da maldade de seus habitantes, Lot fugiu para as montanhas onde, enganado por suas filhas, engravidou-as e disso resultou ser pai dos amonitas e dos moabitas (Gn 18,1-19,38). Mais que incesto, o texto sublinha a relação de Amon e Moab com Israel, mas também a degradação de sua origem ao serem relacionados com Sodoma (2Pd 2,6-8).

Lua

Na Escritura a lua figura como contrapeso noturno ao sol diurno. Neste sentido alude à luz que ilumina a noite e ao sinal celeste cujo ciclo indica o passar dos dias, meses, anos e gerações (Gn 1,14-19; Pr 7,20; Ct 6,10). É citada junto com o sol e as estrelas para indicar a totalidade dos corpos celestes, assim como se fala de homem e mulher, do dia e da noite para falar de outras totalidades (Sl 8,4; Jr 31,35). Junto a estes, outros aspectos que chamaram mais a atenção do homem bíblico: a aparição da lua nova celebrou-se com um dia festivo (novilúnio, neomênia), símbolo do tempo que se regenera e do primigênio, presságio favorável e esperançoso no porvir, ocasião de confiança nas realidades temporais, pelo que é celebrado com repouso obrigatório *e* com sacrifícios (Nm 28,11-15; 29,1-6; Ez 46,6-7; Lv 23,24-25; 2Rs 4,23; Is 1,13-14; Am 8,5; Os 2,13).

Houve também crenças supersticiosas em torno dela: acreditava-se que mulheres que levassem amuletos ao colo aumentariam com isso sua fecundidade, valor de primeira ordem na antiguidade (Jz 8,21; Is 3,18) ou ainda que sua chegada propiciava influências divinas ou diabólicas nos homens (lunáticos: Sl 121,6; Mt 4,24; 17,15). Mas o demasiado peso que se deu à lua em si como a estes dias lunares induziu os profetas a criticá-los e a reforçar outros elementos da fé (Dt 4,19; 17,3-5; 2Rs 21,3-5; 23,4-5; Jr 7,18; 8,2; 19,13; 44,17-19; Gl 4,10; Cl 2,16). Negativamente, era considerada arremedo ou oposição ao sol, luz diminuída, semiobscuridade. O obscurecimento, fixação ou mudança do branco em cor de sangue na lua era considerado sinal do juízo divino pelos apocalípticos (Is 13,10; Ez 32,17; Jl 3,4.15; Hab 3,11; Mc 13,24; Mt 24,29; Ap 6,12). Seu aspecto mais negativo ocorre quando uma misteriosa mulher, símbolo da comunidade cristã, aparece vestida de sol, pisoteando a lua (a noite, o mal, o negativo) e a ponto de dar a luz, imagem da novidade, do novo princípio que unificará e dará sentido a tudo (Ap 12). Este simbolismo e esta iconografia multiplicaram-se na tradição cristã posterior com orientação mariana. Ver: *Estrela; Luz; Sol.*

Lucas

Os Atos o apresentam como helenista, de origem pagã e possível companheiro de Paulo (At 16,10-17; 20,5-15). Textos da tradição paulina falam de certo Lucas, médico, íntimo de Paulo (Cl 4,14; 1Tm 4,11; Fl 24). A tradição posterior identificou este personagem como autor do evangelho que tem o seu nome e também dos Atos, pois ambas as obras têm traços e perspectivas teológicas em comum.

Evangelho de Lucas. Terceiro escrito do Novo Testamento que foi escrito por volta do ano 85. Continua as tradições de *Marcos* e insere uma seção própria (Lc 9,51-18,14). Apresenta Jesus como o Profeta (Dt 18,18) que atualiza para "hoje" a história da salvação ocupando-se dos pobres e pecadores (Lc 2,11; 3,22; 4,21; 5,26; 13,32; 19,9; 23,43). O tempo de Jesus é considerado de graça, de desalojamento de Satanás e efusão de perdão e de Espírito (4,13.41; 6,18; 7,21; 8,2; 10,18; 22,3.53).

Lugares altos

Normalmente eram pequenos montes com bosques destinados ao culto, sinais de vitalidade, de aproximação do céu e espaços aptos para as epifanias divinas. Os cananeus os utilizavam para celebrar suas divindades protetoras da fecun-didade com ritos de prostituição sagrada, critica-da abertamente pelos profetas, embora frequentemente aceita pelos israelitas com o apoio de alguns de seus reis como Asá e Manassés (Os 4,13; Jr 2,20; 2Rs 21,3; 23,5).

Luz

Junto com a nuvem, o trovão, o raio e a voz celeste, é componente constante de toda epifania e, em consequência, sinal de vida, revelação, santidade e glória (Mt 17,2-5). É apresentada como a primeira criatura por suas qualidades primordiais vitais e ordenadoras (Gn 1,3-5) e como atributo divino (Sl 4,7; Is 60,19-20). Em sentido metafórico designa a salvação (Sl 27,1), a palavra divina e a sabedoria (Sl 112,4; Sb 7,10.26), a lei, a justiça e a verdade (Is 2,5; 60,3). E também metáfora do que crê no meio deste mundo (Mt 5,14.16; Ef 5,8; Fl 2,15), atributo de Cristo (Jo 1,4-9; 3,18-19; 5,35-36; 1Jo 2,8-10) e sinal escatológico e messiânico (2Pd 1,19; Ap 21,23-24; 22,5). Ver: *Fogo; Verdade*.

Macabeu

(*"Martelo"* ou *"O designado"*). Apelido de Judas, filho de Matatias, logo estendido aos irmãos deste, a toda a família, à sua época e às suas gestas (1Mc 2,4). A partir das hostilidades e ataques religiosos e culturais dos sírios à Palestina, Matatias decidiu contra-atacar essa dominação cultural reunindo os descendentes em Modin, iniciando a resistência e opondo-se mesmo aos próprios sacerdotes e judeus que a apoiavam. O principal iniciador, ideólogo e general do movimento foi Judas Macabeu.

1 e 2Macabeus. São dois escritos épicos que relatam a história judaica entre 175 e 135 a.C. com coloridos religiosos e edificantes, nos quais se destacam as gestas dos filhos de Matatias, que deram liberdade religiosa e política à Israel de então, embora terminassem por impor uma dinastia que ficou no poder até Herodes, o Grande. Ambos os escritos surgiram no final do século II a.C. Outros escritores imitaram o gênero e o título, como no caso de 3 Macabeus (relato de história patética, fictícia e edificante, que convida à confiança apesar de seu tom antipagão) e 4 Macabeus (obra filosófica centrada em torno do martírio do ancião Eleazar e de sete irmãos da época dos Macabeus). Evidentemente, estas duas últimas obras são apócrifas, embora surgidas para robustecer a piedade, porém aproveitando o eco e a fama do 1 e 2Macabeus canônicos. Ver: *Deuterocanônico; Judas.*

Madaba

(*"Águas elevadas"* ou *"Lugar agradável"*). Antiga cidade de Moab na atual Jordânia. É célebre pelo "Mapa de Mádaba", o mais antigo sobre localidades bíblicas, formado pelo mosaísta Salamânio por volta do ano 580. Contém textos explicativos e informações topográficas; apresenta os monumentos principais da época; menciona 63 localidades do *Antigo Testamento*, 7 do *Novo* e outras 60 não bíblicas, mas referentes a passagens da Escritura. A localidade esteve em poder dos israelitas, moabitas e edomitas. O profeta Isaías dedicou-lhe um oráculo (Js 13,9.16; 2Rs 3,4-27; Is 15,2).

Madalena

Qualificativo atribuído a uma discípula de Jesus, curada por ele (Mc 16,1.9; Lc 8,2). Na tradição posterior e por falta de clareza nos textos evangélicos, a original Maria Madalena foi confundida com outras pessoas: foi associada à mulher pecadora sem nome de Lc 7,36-50 e foi iden-tificada com Maria de Betânia, irmã de Lázaro (cf. Jo 12,3 e 20,17). Muito próxima de Jesus, seguindo-o pela Galileia (Lc 8,2), até a cruz e a sua sepultura (Mt 27,56.61) e convertendo-se em testemunha do Senhor ressuscitado (Mt 28,1-2; Jo 20,1-18).

Madianitas

Tribo de pastores que viveu ao norte da Arábia, entre as cidades de Petra e de Ácaba. A Bíblia afirma sua procedência de Madiã, filho de Abraão (Gn 25,2-6). Uma tradição identifica os madianitas com os israelitas a quem José foi vendido por seus irmãos (Gn 37,25-28). Eles se mostraram favoráveis ou hostis aos israelitas segundo as circunstâncias (Nm 25,1-18; 31,1-24; Jz 7-8).

Magia

Foi praticada em Israel como técnica religiosa para se conhecer a vontade divina, propiciar a Deus ou neutralizar suas decisões (Êx 7,11; Is 47,9), apesar de que a lei e os profetas a consideravam contrária à fé no mesmo nível que suas irmãs: adivinhação e bruxaria (Êx 22,17; Lv 19,26.31; Dt 18,10-11; 1Sm 28).

Reis Magos. A partir de um texto do *Evangelho de Mateus* (2,1-12), a tradição cristã e o folclore posterior têm falado dos "Três reis magos" que visitaram Jesus-menino em Belém. Examinando o texto, os personagens nem eram três, nem se chamavam Melquior, Gaspar e Baltasar, nem eram reis, mas astrólogos (Dn 1,20) e figuras pagãs, evocadoras da epifania divina a todos os povos com as características bíblicas tradicionais (Oriente, estrangeiros, estrela e dons: Dn 1,20; Nm 24,17; Sl 72; Is 60,5-6).

Malaquias

(*"Meu mensageiro"*). Suposto nome de um profeta a quem se atribuiu o livro que leva seu nome.

Livro de Malaquias. Último escrito profético dos 12 menores, surgido provavelmente entre o ano 480 e 460 a.C. Ao que parece, trata-se de oráculos acrescentados a Zacarias por um autor anônimo, em que se esclarecem certo relaxamento do clero de então, exigências malvistas, tensões sociais e uma mensagem sobre o dia do Senhor.

Maldição

Contrária à bênção, apresenta-se como imprecação contra alguém ou sobre quem a profere (Nm 5,21; 2Cr 6,22), como sinal de aviso para garantir o cumprimento da aliança (Ez 17,19) e como advertência, ameaça ou castigo, na boca de Deus, de um profeta ou chefe (Gn 3,14; 4,11; 12,3). Abusam dela os injustos (Sl 10,7; 59,13; Os 4,2) e é uma queixa ou defesa na boca do pobre e do homem justo a quem Deus escuta (Jr 15,10; Pr 11,26; 30,10). Deus permite seu cumprimento ou a transforma em bênção (Nm 23,8; Ne 13,2; Sl 109,28). De sua parte, Jesus a usa como sinal profético (Mc 11,21), ensina a mudá-la em bênção (Lc 6,28) e, à maneira de ais, a propõe como situação de quem se opõe às bem-aventuranças (Lc 11,24-26).

Maná

Alimento providencial enviado por Deus aos hebreus durante o êxodo (Êx 16; Nm 11,7-8; Dt 8,2-3; Sb 16,20-21). O maná foi assumido por Jesus como imagem e figura do alimentar-se de seu corpo, necessário para obter a salvação. Sua origem celeste acrescentou-lhe um colorido de bênção e de providência (Sl 78,24; Jo 6,31-61; 1Cor 10,3).

Manassés

(*"O Esquecido"*, *"O que esquece"*). Filho de José e irmão de Efraim (Gn 41,50-51; 49,22; Nm 26,28-37; Js 17,1-2). Do mesmo nome foi a tribo que o considerou seu pai e o território central da Palestina e parte da Transjordânia que ela ocupou (Js 13,7-8; 29-31; 17,7-13). Manassés foi o nome do décimo quarto rei de Judá que, ao contrário de seu pai Ezequias, favoreceu cultos pagãos e injustiças por razões políticas e econômicas (2Rs 21,2-16.20; 23-26).

Oração de Manassés. Uma notícia sobre a convenção do rei Manassés (2Cr 33,11-18) desdobrou-se em um salmo penitencial apócrifo no qual se apresentam os temas da providência, da penitência e do perdão. O texto que surgiu nos séculos II-I a.C. encontrou profunda ressonância na piedade judaica dos tempos de Cristo.

Manto

É vestimenta, adorno e insígnia (Êx 22,25-26; Jó 1,20; Lc 10,50). Quando o profeta Elias cede a Eliseu seu próprio manto, transfere-lhe o Espírito e seu poder profético para realizar sinais (2Rs 2,8-14); a gente estende seus mantos no chão, símbolo de sua própria entrega e pessoa, para que Jesus passe sobre eles (Lc 19,36) e os profetas o levam como insígnia (Zc 13,4; 2Rs 1,8; Mt 3,4). Tirá-lo publicamente é sinal de humilhação, mas também de serviço e de hospitalidade (Jó 1,20; Jo 13,4); entregá-lo a outro é entregar-se a si mesmo e colocar-se a seu serviço (Dt 24,12-13; Mt 5,40); rasgá-lo é sinal de dó, angústia ou indignação (Mt 26,65; At 14,14); colocá-lo aos pés de alguém é reconhecer a autoridade e o testemunho deste (At 7,58).

Mão

Rico e amplo conceito da antropologia bíblica que indica poder, autoridade, domínio, castigo, força, propriedade, atividade, energia e dinamismo. E sinônimo da própria pessoa e, em consequência, vê, conhece, aprecia, julga, fala, decide, atua e se compromete (Êx 13,8-9; Dt 6,4-8; Is 35,3; 59,3; Lc 1,66). Seus gestos e ademanes podem simbolizar ameaça, cólera, louvor, alegria, petição, juramento, proteção e consagração (Mq 7,16; Is 10,32; 55,12; Jr 2,37; Pr 14,21).

Imposição das mãos. Gesto para indicar a transmissão de pecado e de culpabilidade (Lv 24,14; Dt 21,1-9), entrega de bênção (Gn 48,9.14.20; Mc 10,16), uma responsabilidade, ofício ou missão (Nm 27,18.23; Dt 34,9; At 6,1-6; 1Tm 4,14), o dom da saúde (Mc 6,5; At 28,8) e a transmissão do Espírito (At 8,15-17). Ver: *Braço.*

Mar

Por sua extensão informe e caótica é símbolo de risco, perigo e destruição, lugar tenebroso cujo fundo recorda o abismo e o sheol; e representa as forças do mal hostis a Deus, as quais este sujeita a seu domínio, vencendo-as, aclamando-as ou separando-as (Êx 14; Is 51,10; Jó 9,8; 26,12; Sl 65,8; 77; 17-20; 89,10; 93; 3-4; Ap 21,1). Suas ondas e poderio evocam o poder da morte, os inimigos, a perversidade e o mal em geral (Is 17,12-13; Ez 29,19-20). Deus e seus fiéis podem dominar e neutralizar o mar para indicar o triunfo da verdade, do bem e do evangelho sobre seus opostos (Êx 14; Js 3; Mc 4,35-41; 6,45-52). O Antigo Testamento chega a personificá-lo em figuras míticas como Leviatã, Tannin, Behemot, Rajab. O desaparecimento do mar como perigo e caos é sinal da nova criação, da chegada da salvação e da era messiânica (Ap 21,1).

Maranathá

(*"Vem, Senhor nosso!*, ou *"O Senhor vem"*). Expressão litúrgica entre as comunidades cristãs primitivas mediante a qual confessavam a esperança na parusia e sua fé na presença definitiva de Cristo (1Cor 16,22; Ap 2,20).

Marcos

(*"Martelo"*). Assim se chamava o filho de uma cristã chamada Maria e sobrinho de Barnabé (At 12,12.25; 15,37). Missionou primeiramente com seu tio e com Paulo, mas logo os abandonou e causou divisão entre eles (At 13,5.13; 15,36-40). Os escritos paulinos aludem a um Marcos próximo do apóstolo (Cl 4,10, Fl 14; 2Tm 4,11) e 1Pd 5,13 alude ao mesmo, ou então a outro personagem do mesmo nome. A tradição cristã posterior referiu todas as passagens ao mesmo personagem e fez dele o autor do evangelho mais antigo que leva seu nome.

Evangelho de Marcos. Primeiro conjunto de notícias sobre as palavras e ações de Jesus, redigido até o ano 70, no qual se acentua seu mistério messiânico enquanto Filho de Deus e Filho do homem. Nesse escrito destaca-se o poder taumaturgo de Jesus que desbanca Satanás. O autor organizou as mais antigas tradições cristãs em três momentos: preparação da atividade de Jesus, ministério na Galileia e relato da paixão e ressurreição em Jerusalém. Estudos modernos descobriram que este evangelho e uma fonte ou tradição "Q" serviram de base para os evangelhos de Mateus e de Lucas.

Maria

(*De Miryam: "Princesa", "Senhora"*). Originária de Nazaré, aceitou tornar-se mãe do Messias a partir de uma visão angélica (Lc 1,26-38) e se casou, jovem, com José. Foi a mãe de Jesus, a cujo lado esteve desde o berço até a morte na cruz. Nos evangelhos é representada na perspectiva bíblica da virgem-mãe, Filha de Sion, nova Eva, que cantou o evangelho e mãe da comunidade (Lc 1,26-56; Jo 2,1-5; 19,25-27). Outras mulheres citadas em ambos os Testamentos tiveram o mesmo nome (Êx 15,20-21; Lc 8,2; Jo 11,1-5; At 12,12-17).

Marta ou Martha

(*"Senhora"*). Irmã de Lázaro e de Maria e amiga ativa de Jesus a quem confessou abertamente como o Messias (Lc 10,38-41; Jo 11,1-5.19-39; 12,2).

Maternidade

O conceito expressa a condição materna, a relação afetiva de mãe e filho e o resultado generativo real ou simbólico, relacionado com a transmissão da vida, a proteção, a eleição e a bênção (Gn 4,1-2; 18,9-15; 21,1-7; 1Sm 1), sobretudo a partir de mães estéreis (Sara, Ana, Isabel). A maternidade é também um recurso para falar das promessas messiânicas (Gn 3,15; Is 7,14; 54,1-10; 66,7-9; Mq 5,2; Ap 12), para evocar o dia do Senhor e o juízo iminente (Is 26,16-18; 66,6-8; Mq 4,9,10; Mt 24,19; Rm 8,22; 1Ts 5,3).

O parto. Momento culminante da maternidade, além de origem da própria vida e bênção realizada, indica o sumo da dor humana em uma cultura que não conheceu o parto sem dor, é angústia sem-fim e castigo escatológico para o malvado (Is 13,8; 21,8; 26,17-18; Mq 4,9; 1Ts 5,3; Rm 8,22) ou então o momento que concentra toda a esperança na salvação que não tardará em aparecer (Jo 16,20-22).

Mateus

(*De Mattai ou Matya: "Dom"*). Arrecadador de impostos para Roma, ofício considerado pelos judeus com "publicano", isto é, injusto e fora da lei. É identificado com Levi, convidado por Jesus a segui-lo como apóstolo. Entrou para a lista dos "Doze" e a tradição posterior lhe atribuiu o primeiro evangelho, que uma antiga tradição afirma ter sido escrito em hebraico (aramaico?).

Evangelho de Mateus. Escrito pelo ano 80, amplia e retoca as tradições de Marcos e as integra em um esquema próprio: Jesus é o novo Moisés que, uma vez realizado seu êxodo do Egito (Mt 2,13-23), proclama um novo Pentateuco em cinco discursos apoiados com exemplos e linhas de ação (5-7; 10; 13; 18; 24-26). Ele é Senhor e Emanuel, sempre presente para salvar (1,23; 28,20); cumpre as Escrituras e proclama o reinado de Deus.

Matias

(*"Dom de Javé"*). Discípulo que foi escolhido como apóstolo e "um dos Doze" depois da ressurreição de Jesus para substituir Judas Iscariotes (At 1,21-26).

Matrimônio

União estável e monogâmica de marido e esposa para ajuda mútua, orientada à procriação (Gn 1,28; 2,18-23; Rm 7,2-3). Jesus acentua sua indissolubilidade para deter a decadência religiosa da instituição (Mc 10,1-12; Lc 16,18; Mt 5,31-32; 19,1-9). Simboliza o amor e a união entre Deus e seu povo e entre Cristo e sua Igreja (Is 54,5-7; Os 1-2; Ez 16; Ef 5,32). Sua melhor representação se dá no *Cântico dos cânticos.* De outro lado, a imagem da esposa infiel resgatada pelo marido é frequente na Escritura para simbolizar o povo que se afasta de Deus e o perdão divino que renova a aliança rompida pelo homem.

Mediador

Enquanto em algumas passagens do Antigo Testamento se atribuem a Moisés atitudes de Mediador (Êx 10,3-10.20-25; Dt 5,5), o Novo retira-as dele (Gl 3,20) para atribuir esse apelativo a Cristo por sua função redentora (Hb 7,22; 8,6; 9,15; 12,24; 1Tm 2,5-6).

Melquisedec

(*"Meu rei é justiça"*, *"Milki é justo" ou então "Meu rei é justo"*). Rei cananeu da cidade de Salém, ajudado por Abraão, que recupera seus bens e seus homens e além disso lhe dá tributo. Por sua parte o rei-sacerdote o abençoa em nome do Altíssimo (Gn 14,18-20). Um salmo comenta seu sacerdócio régio (Sl 110,4) e a *Carta aos hebreus* o apresenta com um sacerdócio superior ao de Aarão e figura de Cristo (Hb 5,6.10; 6,20).

Menino

Ver: *Menor; Messias; Nascimento.*

Menor

O tema do menor é frequente em toda a Escritura e alude ao triunfo e supremacia deste sobre o maior, primeiramente e com maiores e melhores direitos, a partir da perspectiva humana. Assim, o sacrifício do irmão menor é preferível ao do maior (Gn 4); o inexperiente triunfa sobre o adulto e experimentado militar (Davi-Golias: 1Sm 17); os poucos humilham muitos e fazem mais do que eles (Gedeon: Jz 7); a mulher fraca engana e supera o general (Jz 4,17-22; Rt); um só profeta de Javé triunfa sobre 450 de Baal (1Rs 18,20-40); as águas do rio Jordão são saudáveis e não as dos grandes rios da Síria (2Rs 5,1-19); Belém terá mais fama do que Samaria e será o lugar de nascimento do Messias (Mq 5,1-5); e o Calvário será mais famoso que o Sinai.

Messias

(*"Ungido"*). Era o consagrado para uma função especial no meio do povo. A princípio foi o rei, a quem se considerava lugar-tenente de Deus e de quem se celebravam vida e obras (Sl 2,45). Depois o termo passou também aos patriarcas, profetas e sacerdotes por suas funções e lideranças. Finalmente, concentrou-se em um personagem misterioso, que foi representado como rei, profeta ou sacerdote (Êx 28,41; 1Sm 9,16; 2Sm 7,12-16) e também como personagem celeste ou então como mártir (Is 53; Dn 7). Aos olhos dos contemporâneos de Jesus, este resumia todas as esperanças messiânicas. Já em vida, porém mais ainda morto e ressuscitado, foi reconhecido como Messias, como consta dos nomes e títulos que lhe foram atribuídos: Cristo, Filho de Davi, Filho do Homem, Senhor, O Enviado.

Messianismo. Designa o conjunto de ideias, expectativas, perspectivas e bens salvíficos esperados para os tempos do Messias. Esses poderiam assinalar-se como bens na ordem espiritual (amor, santidade, justiça, paz, alegria) e material (fecundidade e transformação da natureza, ausência de males e enfermidades, longevidade, riqueza e centralidade de Jerusalém no concerto dos povos). Nesse terreno, a imaginária bíblica se extravasa no estilo de *"As mil e uma noites"* (Is 2,4; 9,1-6; 11,1-9; 40; 60-62; Ez 47-48; Ap 21-22).

Mestre

A sabedoria é patrimônio dos maiores, pais e mestres ao mesmo tempo (Dt 4,9; 11,19). Ademais, quando surge a figura independente do mestre junto à do sacerdote e do profeta (Jr 18,18), passa a ser o especialista de um ramo do saber (Êx 31,1; Is 10,13; Ez 27,8), está próximo do rei (2Sm 20,16-22; 1Rs 7,14; Pr 25,1), é guia de investigação (Pr 22,20; Ecl 8,1.5.18) e sobretudo o que ensina (Pr 8,19; Jó 15,18; Ecl 12,9). Ser mestre é ter alcançado a máxima prudência, maturidade e equilíbrio humanos, no grau que se converte em característica messiânica (Is 9,6; 11,2-3; 42,2-4; Jr 31,34; Mq 4,2). Posteriormente, os essênios de

Qumrán falarão de seu líder como o "Mestre da justiça" e Jesus é apresentado sem mais como "O Mestre" (Mc 4,33-34; 9,5; Lc 11,1; Jo 20,16).

Miguel

(*"Quem como Deus?"*). Nome de personagens bíblicos (1Cr 5,13-14; 6,25; 8,16) e do anjo protetor do povo de Deus a quem se chama de "Príncipe" (Dn 10,13,21; 12,1) e arcanjo, triunfador sobre Satanás (Jt 9; Ap 12,7).

Milagre

Sinal admirável e símbolo de poder que se impõe ao que crê como presença ativa e efetiva de Deus. Geralmente, a atenção se coloca no "sobrenatural" do acontecimento e em suas consequências imediatas (cura, mistério, aniquilamento, mudança de personalidade, ecos materiais). Contudo, não se trata de um simples ato de beneficência ou compaixão muito grande nem, muito menos, de uma "prova" de onipotência como se Deus devesse provar algo a alguém. O milagre, ao contrário, desaloja Satanás e seu poder nefasto, anuncia a presença e atividade divinas em forma de destruição em favor de alguém ou de uma comunidade, apresenta-se como exemplo e tipo para a fé e indica que a nova criação já começou, de modo que o sucedido agora e aqui (milagre) é sinal do que vai suceder sempre e para todos. Ver: *Criação; Êxodo; Messias.*

Milenarismo

Doutrina que espera os tempos finais em forma de paraíso terrestre por mil anos e se apoia literalmente no *Apocalipse* 20,1-6.

Miqueias

(*"Quem é como Deus?"*). Entre os personagens bíblicos que tiveram esse nome, destacaram-

138 / Misericórdia

-se Miqueias Ben Jimlá, profeta do século IX a.C., cujos oráculos não foram aceitos por Acab e sua corte (1Rs 22,8-28; 1Cr 18,7-27); e outro profeta do século VIII, a quem se atribui o livro que leva seu nome, atuante em Jerusalém e contemporâneo de Isaías.

Livro de Miqueias. Como os escritos contemporâneos de tipo profético (*Isaías, Amós, Oseias*) este critica as injustiças sociais, a corrupção das elites e a depravação da religião, o culto e as relações socioeconômicas em que alguns se apoderam do que é de todos. Muitos exegetas modernos supõem que o escrito se compõe de duas obras: a do profeta Miqueias propriamente dita (Mq 1-5) e a de outro profeta anônimo posterior (Mq 6-7), a quem se costuma chamar nos meios acadêmicos "Dêutero-Miqueias".

Misericórdia

Mais que sentimento de piedade, é um compromisso de solidariedade ao necessitado (compaixão) e de fidelidade a Deus que criou a unidade e a comunhão do gênero humano (Gn 1-2). A antropologia bíblica a expressa com o uso e as reações dos órgãos internos como as entranhas, o seio, ou regaço e o coração (Nm 14,17-19; Is 54,7-8; Lc 1,54.72; Mt 5,7). É também propriedade de Deus (Êx 33,19; Lc 1,50; Rm 9,15-23) e meta da práxis cristã (Lc 6,36; 10,37; Mt 18,23-35). Ver: *Entranhas.*

Moab

(*"Nascido de pai"* ou *"Água do pai"*). Filho de Lot e epônimo dos moabitas que habitaram a região a leste do Mar Morto e à qual deram seu nome. Seu culto e costume foram desastrosos para Israel (Gn 19,30-38; Jz 3,12-30; 1Rs 11,1-7.33; Is 15-16).

Moisés

(*"Filho de Mo"* ou *"Tirado da água"*). Aparece na Escritura como estrategista, líder político, taumaturgo, profeta por excelência, receptor e transmissor da revelação, intercessor, mediador e libertador de seu povo. É o autor humano da Lei (as partes mais antigas do Pentateuco) ou seu recompilador, o guia espiritual do povo hebreu pelo deserto em seu êxodo para a terra prometida e também figura do Messias. Aparece em momentos críticos para o nascente Israel e em sua própria vida vive a experiência de seu povo e do amor de Deus (Êx 1-14). É "amigo de Deus" como Abraão (Êx 33,11) e quem lhe pode falar face a face. Morreu em Moab sem poder entrar na terra prometida (Dt 34).

Moloc

(*"Rei"*). Provável divindade cananeia a quem se ofereciam sacrifícios humanos ou, em sua falta, um tipo de sacrifício humano combatido pela Bíblia (Lv 18,21; 20,2-5; 2Rs 23,10; Jr 32,35; At 7,43).

Monstros

Talvez em, com e por seu aspecto pavoroso e horripilante, as figuras animalescas têm sido assumidas em numerosas culturas como representação do mal, da maldade e de tudo o que é hostil ao homem nas ordens cosmológica, ética e religiosa. Para reforçar o simbolismo desses animais míticos ou somente imaginários se lhes têm agregado qualidades aquáticas, terrestres, voláteis e répteis. A escritura recorda *Leviatã, Tannin, Rajab, Najash, Behemot, Lilit*, dragões e outras alimárias pestíferas e mortíferas (Am 9,3; Is 27,1; 30,7; Jó 26,12-13; Sl 74,13-14). De sua parte, a literatura apocalíptica usou frequentemente estes monstros de uma ou mais cabeças, com uma ou cem qualidades, mais para indicar o caos que continuamente pretende impor-se à ordem e à criação de Deus e acabar com o homem (Ap 9,7-11; 12,3-4,15-18; 13; 17). Ver: *Leviatã, Teriomorfismo.*

Monte

Embora a Palestina tenha muitas colinas e cadeias montanhosas, a Escritura alude mais a seu aspecto simbólico e teológico que ao orográfico como tal. Neste sentido, o monte é como o eixo do mundo, uma escada que une a terra ao céu, lugar apropriado para as epifanias como o Sinai, o Tabor e o Calvário e ambiente propício para o culto, como no caso dos "lugares altos" cananeus (Êx 19,20; Dt 12,2; 1Rs 18). Por sua elevação, alude à terra em abertura para o infinito, mas também à distância dela, à solidão e à transcendência (Zc 4,7; SI 104,18). É a antena da terra e espaço apto para a oração e o sacrifício, para indicar a santidade e a ascese. No *Evangelho de Mateus*, Jesus é apresentado como um novo Moisés que do alto de um monte proclama suas bem-aventuranças à maneira de nova lei (Mt 5,1-3), transfigura-se em outro (17,1-2), morre no Calvário (27,33-54), encontra-se com seus discípulos em mais de um, depois de sua ressurreição (28,16) assim como havia sido tentado por Satanás em um lugar semelhante (4,8-11), enquanto *Lucas* o faz subir aos céus de uma colina próxima de Betânia (Lc 24,50-51) e *Marcos* o faz dizer um discurso escatológico no Monte das Oliveiras (Mc 13,1-4; Mt 24,1-3).

Morte

Indica a perda da vitalidade e assinala o fim do contato com os vivos e ao mesmo tempo a entrada ao país das sombras, do esquecimento e do silêncio. É uma ausência de força que se manifesta na diminuição da vida na forma de enfermidade, prisão, pobreza, ignorância, fome e desgraça, que chega a personificar-se como um poder sobre-humano contrário à vida (Os 13,14; 1Cor 15,55; Ap 6,9; 8,9). Positivamente, porém, é uma interpelação ao indivíduo e a sua comunidade e uma provocação à confiança no Deus Vivo. Como causa se lhe apontam o pecado e Satanás (Jó 28,22; Sb 1,13-16; 2,24; Rm 5,12-21; Jo 8,44; 1Jo 3,8-15). Os profetas anunciaram sua destruição (Is 25,8) e a ressurreição de Cristo assinalou o fim de seu poderio, ameaça e presença (Rm 6,9; 8,2.19-22; 1Cor 15,26.54-56). As próprias obras de Cristo eram um prenúncio de vitória sobre a morte (Mt 9,24; Lc 7,12.15; Jo 11,13-14; 25-26). Em seu batismo, os que creem vivem a experiência e passagem da morte à vida e se associam às de Cristo (Rm 6,3-5; 2Cor 5,14; 15,57-58).

Os mortos. A antropologia bíblica não considera os defuntos mortos de todo, mas viventes no país das sombras, do pó e da distância. São considerados como seres com algo de divino, a quem não se deve invocar (1Sm 28,3; Is 8,19; Lv 19,31; Dt 18,11) e se chamam "aparecidos" (Lv 19,31; 20,6), habitantes do mundo subterrâneo, gigantes (Sl 88,11; Is 14,9) e seres aterradores "como um murmúrio" (Dt 2,10-11.20-21). Os textos mais tardios do Antigo Testamento sugerem que se pode orar por eles e alcançar-lhes a vida (2Mc 12,38-46). Ver: *Seol ou Sheol.*

Mulher

Ver: *Homem e Mulher; Maternidade; Matrimônio; Messias.*

Mundo

(*"Lugar limpo"*). O conceito indica as obras boas de Deus postas à disposição do homem desde o princípio (Gn 1,2) e cujos termos hebreu ("a totalidade"), grego ("ordem") e latino ("lugar limpo") indicam algo mais que um montão de coisas, combinações, estados da matéria e leis do devir (Jr 10,16; 1Cor 7,31). É um lugar amado por Deus (Jo 1,29; 3,17) e espaço em que vivem os homens e se desenvolve a história da salvação. Isto indica que o mundo é o lugar em que o homem toma consciência de si mesmo e de sua presença nele; é uma palestra em que se exercita no trabalho e na convivência com seus irmãos, os homens, filhos do mesmo Pai; o espaço em que aprende a desalojar Satanás e a imitar Deus (Mt 5,13-14); mas também o objeto ao qual deve devolver-lhe sua bondade inicial, pois atualmente se manifesta como conjunto de potências rebeldes que se enfrentam e rejeitam o Senhor (Jo 6,70; 8,44; 16,11). Ver: *Terra*.

Naamã

(*"Agraciado"*). General sírio curado da lepra pelo profeta Eliseu (2Rs 5). Embora estrangeiro e militar, sua aproximação e busca da saúde em Israel indica que a revelação e bênção para este (Gn 12,2-3) se estende a todos os povos independente de nacionalidade, raça, sexo, atividade e posição social (Lc 4,27). Jesus amplia este incipiente universalismo religioso e envia os discípulos, não somente para difundir a boa-nova (evangelho) mas também para fazê-la eficaz e visível nas curas, na volta à vida e na luta anti-satânica que marcam a presença definitiva do reino de Deus (Mt 10,1.8). Ver: *Enfermidade; Lepra; Menor.*

Nabi

(*"Invadido"*, *"Possuído"*, *"Arauto"*, *"Chamado"*). Antigo nome atribuído a pessoas que exercem uma atividade profética evidenciada em arrebatamentos místicos, estado de excitação frenética, recurso à música e à dança e a outras manifestações de exuberância religiosa (1Sm 10,6-11; Am 7,12-13). Embora o epíteto se limitasse às corporações proféticas dos séculos XI-IX a.C., ainda aparece referido a profetas como Jeremias, Habacuc e Ageu (Jr 1,5; Hab 1,1; Ag 1,1).

Nabot

Dono de uma vinha desejada pelo rei Acab, e assassinado por ordem de Jezabel para alegrar o monarca. O profeta Elias interveio para defender a justiça, criticar a prepotência de ambos os reis e anunciar o castigo para sua ambição e abuso de poder (1Rs 21,1-19; 2Rs 9,21-26).

Naim

(*"Lugar agradável ou delicioso"*). Localidade da Galileia, próxima de Nazaré, onde Jesus fez voltar à vida o filho de uma viúva, paralelamente com sinal parecido ao do profeta Elias (Lc 7,11-16; 1Rs 17,10-24). Ver: *Viúva*.

Nariz

Além de órgão e sentido do olfato, é expressão de vida (ar) que por ele entra (Gn 2,7; 7,22), é conduto de prazeres (Gn 8,21; Am 4,10; Lm 4,20; Sl 115,6) e meio para manifestar os sentimentos de ira (Sl 27,9; 55,4), paciência (Êx 34,6; Nm 14,18), respeito (Gn 19,1) e insolência (Sl 10,4). É metáfora para indicar a cara e a síntese da pessoa (Gn 3,19; 19,1; 48,12).

Nascimento

Considerado primeiro momento da vida e, por isso mesmo, promessa, revelação, início do compromisso com a vida, a família e a comunidade. Enquanto símbolo, está ligado ao advento de uma nova época, reflorescimento cultural, iniciação terrena e espiritual. A chegada do recém-nascido é sempre o final de uma época limitada e caduca, cumprimento da esperança e sinal dos tempos messiânicos (Is 7,14; Mq 5,2). A Escritura descreve, com complacência e com recurso ao prodigioso, o nascimento dos grandes carismáticos do povo de Deus e as circunstâncias e acontecimentos que o cercam para precisar melhor sua mensagem: Moisés (Êx 1-2), Sansão (Jz 13), Samuel (1Sm 1-2), mas sobretudo Jesus (Mt 1-2; Lc 1-2). Ver: *Maternidade; Messias.*

Natã

(*"Dom, presente"*). Profeta próximo de Davi a quem criticou seu adultério com Betsabé e a quem prometeu descendência régia e apoiou para que designasse Salomão como seu sucessor (2Sm 7,1-17; 12,1-5; 1Rs 1,5-48).

Natanael

(*"Deus deu"*). Ver: *Bartolomeu.*

Naum

(*"Consolado"*). Profeta do século VII a.C., autor do escrito homônimo.

Livro de Naum. Sétimo dos escritos proféticos menores, cujos 47 versículos contêm um hino (1,2-8), uma interpelação a Judá (1,9-2,3) e um poema sobre a queda de Nínive (2,4-3,19). À base de admoestações, acusações e anúncios festivos (1,12-13; 2,1-4), o autor apresenta Deus como juiz de todos, mas clemente e misericordioso com seus fiéis.

Nazaré

Localidade da Galileia a 30 quilômetros do lago de Genesaré. Aí moravam Maria e José antes da anunciação do anjo (Lc 1,26-38) e o matrimônio de ambos. Aí mesmo Jesus passou sua infância e juventude e iniciou sua pregação (Lc 4,16-30; Mt 2,19-23).

Nazir ou Nazireu

(*"O que se separa ou se abstém"*). Consagrado a Deus mediante voto temporário ou por toda a vida (Jz 13,4-7; 1Sm 1,11-28; Lc 1,15). Um grupo especial deles foi o dos recabitas, filhos de Recab (Jr 35,6-8; Am 2,11-12). Não ingeriam bebidas alcoólicas nem cortavam o cabelo, evitavam contatos impuros e viviam afastados dos demais (Nm 6; Lv 10,8-9; 21,11-12). Jesus foi chamado assim por sua conduta ou talvez por seu lugar de origem Nazaré (por um lado: Mc 1,24; Lc 4,34; At 2,22; por outro: Mt 2,23; Lc 18,37). O apelativo se aplicou também a seus discípulos (At 24,5).

Neemias

(*"Javé consola"*). Organizador da comunidade judaica pouco tempo depois de seu retorno da Babilônia, ao mesmo tempo que era político e funcionário a serviço dos persas, que se mostrou ativo no século V ou no IV a.C. (Ne 7,10; 13).

Livro de Neemias. Mais que ser obra do personagem a quem é atribuído, é relato de sua atividade e de suas medidas em Jerusalém na qualidade de reformador, reconstrutor e fundador do judaísmo.

Neftali

(*"Lutou"*). Filho de Jacó e um dos 12 patriarcas que deu seu nome a uma tribo e a um território por ela habitado (Js 19,32-39). Pertenceram à tribo Barac e Tobias (Jz 4,4-16; Tb 1,1.4; 7,3).

Nicodemos

(*"Povo vitorioso"*). Fariseu importante, discípulo secreto de Jesus e defensor deste no sinédrio. Ajudou na sepultura do Mestre (Jo 3,1-21; 7,48-52; 12,42; 19,38-42).

Noé

(*"Descanso"*). Patriarca ante e pós-diluviano, salvo do dilúvio (Gn 6,1.9-17). Como Adão e Abraão, traz bênção para a terra, inicia um novo tipo de humanidade e se converte em epônimo dos jardineiros e agricultores, isto é, de quem obedece a Deus, embelezando e reordenando a terra (Gn 2,8.15; 9,20-29). Atribuem-se-lhe 950 anos de vida, e a paternidade de Sem, Cam e Jafé, os três ramos da humanidade, a partir da perspectiva do autor. Sua fidelidade a Deus se evidencia no sacrifício que lhe oferece imediatamente depois do cataclismo e como primeira ação em um mundo renovado e reorientado para o Criador (Gn 8,15-22).

Noite

Bem além de seu sentido temporal, é símbolo do mal, da perversidade (Sl 91,5; Sb 17,13-14), da tentação e da preocupação (Jó 7,3; Sl 6,7) e representa o contrário da luz e da vida; por consequência, sugere o tenebroso, o trágico, o mortal e o negativo nas ordens do ético e do religioso. Como todos os símbolos, tem uma face positiva: alude ao início do dia, ao nascer do tempo propício para a revelação, libertação e salvação e ao momento oportuno para as iniciações. É ocasião incomparável para todo nascimento, páscoa e êxodo (Êx 11,4; 13,21; Lc 2,8-16; At 5,19; 16,9; 18,9). O desaparecimento definitivo de toda noite e escuridão é sinal dos tempos messiânicos (Ap 21,1.25).

Nome

Expressa a identificação, essência e missão da pessoa que o tem. Dar nome a algo ou a alguém equivale a assinalar-lhe uma missão e ter autoridade sobre ele (Gn 2,19; 17,5; 32,39).

Nome divino. Deus deu a conhecer seu nome e mencioná-lo é poder evocá-lo (Êx 3; Sl 54,3) e fazê-lo presente. Daí que se proíba seu uso abusivo (Êx 20,7; Dt 5,11). De outra parte, a Escritura menciona numerosos nomes divinos com os quais se indica tanto a polivalência com que Deus se manifesta, como a impossibilidade humana de concentrar todo seu mistério em uma só palavra. De sua parte, os nomes messiânicos de Jesus indicam tanto o desenvolvimento do plano divino como sua ampla perspectiva salvífica (Mt 1,22-23; Mc 1,1; Jo 14,6; Ap 22,13). Tanta é a riqueza do nome do Senhor que "quem o invoque alcança a salvação" (Jl 2,32; At 2,19-21; 3,1-4,31; Fl 2,9-10). Ver: *Emanuel; Jesus; Javé.*

Novo Testamento

Nome genérico aplicado aos 27 escritos inspirados e canônicos que se referem a Jesus e ao surgimento e desenvolvimento das primeiras comunidades cristãs. Os escritos costumam dividir-se em evangelhos (4), um livro histórico (Atos dos apóstolos), 21 cartas (13 de Paulo, 1 anônima, 1 de Tiago, 2 de Pedro, 1 de Judas, 3 de João) e um livro apocalíptico.

Número

O número tem na Escritura mais valor qualitativo e simbólico do que quantitativo. O número 1 alude à unidade e à realidade da fé inclusive a Deus (Dt 6,4; 1Cor 8,6; Ef 5,31); dois, dois e três ou então três e quatro podem indicar "alguns" (Nm 9,22; Os 6,2); três é uma cifra reduzida (Gn 30,36; Jo 1,17); ao contrário, quando é repetido, é um superlativo em forma ternária (Is 6,3; Ap 4,8); quatro evoca a totalidade terrena e suas orientações (Gn 2,10; Is 11,12; Ap 7,1); seis é imperfeição (sete menos um), mas se é triplicado é a suprema imperfeição e paródia do "infinito divino" (666: Ap 13,18); sete ou seus múltiplos (setenta ou setenta vezes sete) indicam totalidade e perfeição (Gn 4,24; Mt 18,22); oito é plenitude suprema (7+1), como no caso das bem-aventuranças (Mt 5,3-10; Lc 6,20-26); doze indica a totalidade do povo de Deus e de sua síntese em forma de patriarcas, tribos ou apóstolos, assim como seus múltiplos, como no caso do 144.000 eleitos (Ap 7,4-8); vinte e quatro é também totalidade na ordem da comunicação, como nos casos dos anciãos do *Apocalipse* ou das letras do alfabeto grego escondido atrás do nome "Alfa e Ômega" atribuído a Cristo, plenitude da comunicação divina (Ap 4,4 de um lado e 1,8; 21,6; 22,13 de outro); os números "quarenta" evocam a duração da vida, a situação do pecador, um período de prova e de purificação, uma situação inquietante e crítica (Gn 7,17; Êx 24,12.18; 1Rs 19,3-8; Dt 1,1-3; Mt 4,2); e mil é sinônimo de plenitude em estabilidade, fama, paz e beatitude celeste e terrestre como no caso das mil mulheres de Salomão (1Rs 5,12; 11,3) e no dos mil anos de bem-estar no início dos tempos messiânicos (Ap 20,1-6). Por isso, o número é mais qualidade e modo de ser que quantidade e medida; essência mais que sabedoria matemática; harmonia e mistério mais que precisão aritmética ou contabilidade.

Números

Quarto livro do Pentateuco denominado assim por causa das cifras de hebreus por tribo que o iniciam (Nm 1-4). Depois de tais listas, o escrito reporta os acontecimentos que tiveram lugar perto do Sinai (Nm 5,1-10,10), em torno da localidade de Cades (10,11-22,1) e na Transjordânia (22,2-36,13). Em geral, o escrito é uma continuação do Livro do Êxodo e uma complementação, em sua parte legislativa, do *Livro do Levítico*.

Nuvem

É elemento inconfundível em cada epifania e assinala a presença escondida e dinâmica de Deus (Êx 13,21-22; 19,9; Lv 16,2.13; Mt 17,5). É também sinal do sacrifício (Lc 1,18-23) e da oração do justo (Sl 141,2; Ap 5,8; 8,4). A nuvem também faz o papel de carruagem de Deus (Sl 68,4.34-35; 104,3) e do Filho do homem (Mc 13,26; 14,62) além da alusão ao Espírito (Lc 1,35). Em algumas passagens, a nuvem alterna com a glória de Deus, assinalando não só sua presença, mas também seu poder salvífico e seu mistério inatingível (Êx 40,34-38; Nm 9,15-23; Ez 43,4-5; 1Rs 8,10-13; Is 6,3-4; Ez 43,4-5; Ap 15,8).

Obediência

Os termos hebraicos e gregos que lhe servem de suporte indicam um "escutar", prestar atenção (At 5,36-37; Gl 5,7) ou submeter-se a uma autoridade (At 5,29; Tt 3,1). Seu acento principal está na relação do crente com Deus (Dt 6,4-9), que pede disponibilidade, entrega total, compromisso e amor. Por isso, mais que submissão, seguimento, discipulado e imitação, como Jesus propõe (Jo 13,34-35; 15,9-10). Ao contrário, a desobediência é uma apostasia, loucura e afastamento de Deus, além de contradição consigo mesmo e com o grupo a que se pertence, já que resulta em rebeldia e confrontação frente às exigências e plano divinos.

Oblação

Donativos em espécie entregues ao santuário e a seus ministros em forma de primícias (de plantas, gado, e frutos da terra), dízimo, pilhagem de guerra ou oferenda voluntária (Nm 18,19-29).

Olho

Órgão da vista, janela do coração (Mt 6,22-23) e metáfora do juízo e do conhecimento (Jr 5,21; 7,11), da piedade ou da zombaria (Ez 16,5; Pr 30,17), da humildade ou da arrogância (Sl 123,2; Pr 6,17), da inveja (Mt 5,29), da dureza (Dt 15,9), da luxúria (Pr 17,24; Mt 5,29; 2Pd 2,14) e, inclusive, do desinteresse (Lc 10,31-32). Fixá-lo em alguém indica escolha ou salvação (Êx 3,7; Lc 1,48); levantá-lo, prestar atenção (Sl 123,1); mantê-lo afastado de alguém, esquecimento; julgar com ele é um erro, qualificá-lo bom ou mau significa identificar a pessoa (Lc 11,34; Mt 20,15); abri-lo a alguém é levá-lo à fé, fazê-lo conhecer o evangelho e manifestar-lhe a chegada do reino de Deus (Mt 9,29-30; 13,16; Jo 9). A "lei de talião" inicia e se sintetiza no "olho por olho" (Êx 21,24; Lv 24,15-22) e os profetas apocalípticos recorreram muito a ele para indicar conhecimento profundo, onisciência e onipresença divinas (Ez 1,18; Ap 4,6-7; 5-6). Ver com ele não somente é perceber a realidade e as cores mas também conhecer, compreender, aprofundar, pensar, espiritualizar, meditar e contemplar em outro nível. Se brilha, indica alegria, satisfação e saúde (Sl 38,11); se "olha de cima", trata-se de soberba e arrogância (Sl 18,28; Is 2,11; Pr 6,17); se é compreensivo, perdoa (Dt 7,16; Ez 5,11); e se está irado castiga ou exclui. O olho humano ou divino reflete a vida interior, os sentimentos do coração, intenções, juízos, esperanças, desejos e atitudes, já que é porta, conduto ou fotografia do coração (Ef 1,18; Mt 6,22-23; 7,3) e a exteriorização da pessoa.

Oliveira

Junto com a videira e a figueira forma o trio frutal característico da flora bíblica. Na Escritura é utilizada como símbolo de justiça e sabedoria (Sl 52,10; Eclo 24,14.19-23; Ap 11,4). Seus frutos são celebrados e seu azeite tem funções religiosas e profanas notáveis. Seu verdor é sinal de louçania e de perseverança (Sl 52,10), galhardia e beleza (Eclo 24,14) e é símbolo de Israel (Jr 11,16), de figuras messiânicas misteriosas (Zc 4,2-14; Ap 11,4) e da bênção divina na forma de prole abundante (Sl 128,3). Uma colina ao Oriente de Jerusalém, relacionada com a agonia, oração e prisão de Jesus antes de sua paixão, chamada "Monte das Oliveiras", evoca um dos momentos mais trágicos da vida do Senhor (Mc 11,1; 14,32-52). Ver: *Azeite*.

Omri

Um dos melhores reis de Israel (886-875 a.C.), fundador de uma dinastia, que forjou a grandeza do Reino de Israel, dando-lhe por capital Samaria, estabelecendo alianças políticas internacionais e procurando o bem-estar interno (1Rs 16,16-28; Mq 6,16). Ver: *Acab*.

Oração

Conceito e tema polivalente para expressar a piedade em suas várias formas de petição, impetração, louvor, ação de graças, solicitude de perdão, arrependimento, confissão dos pecados, queixa e adoração. Seus gestos mais frequentes são: levantar as mãos, gritar, inclinar-se, prostrar--se, ajoelhar-se, cantar, chorar e pôr-se de pé (Mc 11,25; 14,35; Lc 22,41). Estas e outras atitudes, ambientes e conteúdos, formulações, condições e circunstâncias aparecem no *Livro dos Salmos*, o conjunto típico de orações do povo de Deus. Jesus a ensina como meio para superar a tentação, mas particularmente para se comunicar com o Pai. Sua principal fórmula de oração começa chamando a Deus de Pai nosso (Mt 6,9-13; Lc 11,2-4).

Oráculo

Resposta de Deus ao povo a pedido dos ministros do culto mediante o efod (espécie de peitoral), os *urim e tumim* (sortes, provavelmente com o

152 / Órfão

uso de dados, pedrinhas ou pauzinhos: Êx 28,30; 33,7-11; Jz 18,5.14-20; 1Sm 14,36-42).

Com o tempo, o oráculo resultou em forma literária em que os escritos proféticos e alguns salmos registraram as palavras e a revelação de Deus (Sl 20,7-9; 75,3-10; Jr 31,31-34). Sob o aspecto literário, os oráculos proféticos variam de profeta para profeta. Assim, enquanto os de Isaías são elevados e os de Amós, rústicos, os de Jeremias são patéticos, os de Ezequiel, lúcidos, os de Oseias, carregados de humanismo.

Oráculos contra as nações. Chamam-se deste modo secções inteiras em que alguns profetas ampliam o juízo de Deus mais além das fronteiras de Israel e de Judá, deixando claro que Deus é também o Senhor e Juiz de todos os povos e que a humanidade inteira deve sujeitar-se a uma moral, piedade e humanismo similares (Is 13-23; Jr 25,15-38; 46-51; Ez 25-32; Am 1,3-2,3; Jl 4,1-17; Hab 2,5-20; Sf 2,4-15; Ab, Na). Os povos a quem é oferecida a salvação são essencialmente os vizinhos de Israel: Egito, Babilônia, Moab, Sidon, Tiro, Filisteia, Amon e Edom, símbolos de todos os povos.

Órfão

Ver: *Viúva.*

Oseias

(*"Javé socorre"*). Profeta do Antigo Testamento, atuante no Reino de Israel nos meados do século VIII a.C. Seu frustrado matrimônio levou-o a assumir sua situação como metáfora das relações entre Deus e seu povo (Os 1-3).

Livro de Oseias. Com oráculos patéticos e confissões carregadas de sentimento, o autor falou da misericórdia divina (2,19-20; 6,3; 11,8-9), da aliança e da história de Israel como sinal (1,4; 2,10; 6,7; 9,8-10; 11,1-4; 12,3-7; 13,4-6) e criticou a religião superficial e falsa, chamando-a "prostituição" (4; 6,4-6; 8,11-13; 9,1). O escrito se divide em uma seção biográfica (1-3) e outra com diatribes, denúncias e hinos (4-14).

Ouvido

É algo mais que o órgão, sentido e função corporal que permite captar sons. Assinala a compreensão, o discernimento, a obediência e adequação à vontade de quem fala, particularmente de Deus (Dt 6,4-9; At 2-14). Ouvir é assimilar a mensagem profética da salvação e colocá-la em prática confessando-a e atuando-a (Rm 10,14-17), de modo que na prática se equipara com a fé e o crer (Mt 13,16.43; Ap 2,7.11.17.29). Abrir o ouvido de alguém é informar (1Sm 22,17) ou insistir (Is 50,4-5; Sl 40,7) e se Deus o faz é ensinar e revelar (1Sm 9,15; Is 22,14); incliná-lo é prestar atenção e compadecer-se (Êx 3,7); afastá-lo, sinal de rejeição, escândalo; fechá-lo ou endurecê-lo indicam prepotência e infidelidade (Jr 6,10; Zc 7,11; Pr 28,9; At 7,51), enquanto que unido ao olho é indicação de totalidade de conhecimento (Is 6,9-10; Lc 10,24). O ouvido representa a pessoa e, por isso, recebe adorno ou então se lhe coloca um aro como sinal de dependência de alguém (Ez 16,12; Êx 21,5-6). De seu uso correto dependem a conduta e o futuro (Gn 3,8-10; Pr 18,10), o conhecimento e a aprendizagem (1Rs 3,9-12) e, de forma geral, designa a busca do homem (Pr 18,15). Abrir o ouvido do surdo é graça messiânica, comunicação, diálogo contínuo e oportunidade de participação plena mais que simples cura (Is 35,5; Mt 11,5; Mt 13,16; Mc 7,31-37).

Ovelha

Gado menor e comum na Palestina, útil por sua carne, leite, lã e couro, e apto para os sacrifícios (Êx 12,2-4). Sua docilidade e mansidão foram utilizadas como símbolos de virtudes humanas e em metáforas e parábolas (Is 53,7; Mt 7,15; 9,36; 10,16; 25,32; Jo 10,12-13; 21,15). Ver: *Cordeiro*.

Ozias

(*"Javé é minha força"*). Foi o décimo Rei de Judá, também chamado Azarias ("Javé ajudou": 781-740 a.C.). Restabeleceu a grandeza de Judá frente aos edomitas e filisteus e impulsou o comércio, a agricultura e a pecuária, propiciando abusos, divisões e outros excessos. Morreu leproso, enfermidade interpretada como castigo divino por não ter eliminado os cultos pagãos (2Rs 15,1-7; 2Cr 26). Ao profeta Isaías atribui-se um escrito sobre este rei (2Cr 26,22).

Paciência

A Escritura a apresenta como resistência e grandeza de ânimo (longanimidade). É característica divina manifestada em forma de misericórdia, perdão e tolerância com o próximo e si-tuações da vida (Êx 34,6; Nm 14,18; Rm 2,4; 9,22; Lc 18,7); inclui constância e é característica da esperança (Mt 18,26-29; 1Cor 13,4; Tg 5,7-8).

Pai

Apelativo que em sentido próprio se dá ao progenitor imediato a quem se deve obedecer junto com a mãe (Êx 20,12; Mt 4,22; Ef 6,4), de quem se espera conduta irrepreensível, exemplo e amor. Em sentido amplo, o termo se aplica aos patriarcas, aos antepassados em geral, aos mestres e epônimos de alguma atividade, técnica e conduta. Assim, Jabel foi o pai dos que pastoreiam gado, e Jubal, dos músicos (Gn 4,20-21). Também se fala dos "Pais" para indicar os ancestrais de uma família, tribo ou do povo inteiro como no caso de Abraão, Isaac, Jacó e os epônimos das tribos (Gn 12,3; 49). Em sentido simbólico, metafórico e espiritual, embora não menos real, aplica-se ao rei messiânico (Is 9,5; Sl 2,7) e a Deus, cuja paternidade se manifesta como escolha, prote-ção, misericórdia e perdão que alcança a todos os homens (Êx 4,22; Dt 32,6; Is 63,16; Ml 2,10). Jesus se apresenta a si mesmo como o Filho por excelência e ensina a chamar a Deus o Pai comum ou, melhor, "Pai nosso" (Mt 5,15.45; 6,8-9; 7,21; Mc 11,25-26; Lc 15; Jo 17).

Pai-nosso

Oração por excelência do cristão. Os evan-gelhos transmitem duas versões: a de *Mateus*, mais longa, litúrgica e apegada à mentalidade semita; e a de *Lucas*, mais próxima do original por sua brevidade (Mt 6,9-13; Lc 11,2-4), embora a linguagem da outra permita rastrear um texto aramaico primitivo. O de *Mateus* contém sete petições, enquanto que o de *Lucas* tem somente cinco. Ambas as versões registram os ecos mais genuínos da pregação de Jesus e, sobretudo na segunda parte, põem em relevo os campos espe-cíficos em que a paternidade divina se prodigaliza mais sobre o homem pobre: o pão, o perdão, o auxílio na tentação e na libertação do poder do Maligno. Um acento peculiar se dá à atualidade deste socorro divino à humanidade: a intervenção solicitada é para todos e para hoje. De modo que, quando alguém reza o Pai-nosso, reza com todo o povo de Deus e o que beneficia a um como dom vindo de Deus não pode senão beneficiar a todos.

Paixão de Jesus

Inclui os sofrimentos de Jesus no final de sua vida e a favor de todos os homens. Embora os esquemas dos evangelhos a iniciem com um complô contra ele e com o relato de sua última ceia, ela começa propriamente com sua prisão no Horto das Oliveiras, continua com sua morte no Monte Calvário e culmina com sua sepultura.

Relatos da paixão. Os relatos evangélicos atuais (Mt 26-27; Mc 14-15; Lc 22-23; Jo 18-19) parecem ter-se ampliado a partir de outros relatos mais breves talvez como o esquema que aparece nas chamadas "predições da paixão" (Mc 8,31; 9,31; 10,33-34). Esses relatos ampliados seguem motivos como o do justo que sofre e triunfa (Sl 22; 69), o servo de Javé que dá sua vida como resgate por seus irmãos (Is 42,1-4; 49,1-6; 50,4-9; 53), e o do profeta, testemunha e mártir (Jr 20,7-18). Cada evangelista, por sua vez, deixou sua própria marca nos relatos orientando-os para as finalidades e necessidades da comunidade para a qual escreviam (polêmica, apologia, catequese, missão, liturgia), tendo presentes os dados da Escritura em forma de citações bíblicas, a tradição anterior a eles e seus próprios esquemas literários e teológicos. Ver: *João, Lucas, Marcos, Mateus.*

Palavra

À diferença da mentalidade grega que a entende como expressão intelectual de um conceito, como raciocínio e discurso, a bíblica a propõe ao mesmo tempo como comunicação e como realidade. A palavra é comunicação enquanto elemento de linguagem, instrumento e ponte que se aproxima de dois dialogantes e expressão quase fotográfica de quem a pronuncia, ao ponto que a palavra é a própria pessoa que a pronuncia. De outra parte, a palavra também é realidade, pois atualiza o que significa e uma vez emitida, como a de Deus, não pode voltar para ele sem realizar sua finalidade (Sb 9,1; Sl 107,20). Simbolicamente, é considerada como sêmen viril que fecunda ou então como laço matrimonial que une os dois dialogantes. É, ao mesmo tempo, revelação e mistério; e, por seus efeitos, cria e recria, transforma e converte, arrasta e aperfeiçoa ou então aniquila, esconde, distancia, nega e condena; pode ser verdade ou mentira, bênção ou maldição, ciência ou quimera. É o símbolo mais puro da manifes-tação do ser e possibilita toda a comunicação e diálogo entre os homens e destes com Deus.

Palavra de Deus. É fundamentalmente a revelação de "Si mesmo" de Deus e de seu plano salvífico para o homem, pelo qual é chamado também mensagem, revelação, verdade, evangelho. Depois da natureza, a história, o oráculo profético, o mandamento e o símbolo, formas alternadas de sua palavra, Cristo se apresenta como culminância e Palavra divina por excelência (Jo 1,1-18; Hb 1,1-4; 1Jo 1,1; Ap 19,13).

Palavras de Jesus. Na linguagem científica *logia* ou *logion*, vocábulo grego que designa pequenas sentenças de Jesus espargidas em todos os evangelhos e enquadradas em narrações provocadas por diferentes situações. Seu estudo isolado serviu para descobrir seu desenvolvimento histórico em diferentes ambientes e sua colocação por escrito em diferentes contextos.

Palavras de Jesus na cruz. São sete expressões na boca de Jesus pouco antes de morrer e à maneira de testamento com as quais o Mestre reflete sua consciência messiânica e toda sua missão. Todas elas não aparecem juntas em um só evangelho. Seu número e ordem se conseguem combinando os dados dos evangelhos de Lucas, João e Mateus:

1. Pai, perdoa-lhes. Não sabem o que fazem! (Lc 23,34).

2. Hoje estarás comigo no paraíso (Lc 23,43).

3. Mulher, eis o teu filho... Eis a tua mãe (Jo 19,26-27).

4. Meu Deus, meu Deus... Por que me abandonastes? (Mt 27,46; Sl 22,2).

5. Tenho sede (Jo 19,28).

6. Tudo está consumado (Jo 19,30).

7. Pai, em tuas mãos entrego o meu espírito (Lc 23,46; Sl 31,6).

Palestina

(*"Território ou terra dos filisteus"*). O termo deriva, ao que parece, de *Peléshet* (território dos *pelishtim*: filisteus). Estes últimos ocuparam primeiramente uma faixa costeira junto ao Mar Mediterrâneo no antigo Canaã, ao sul da atual ci-dade de Cesareia; logo, impuseram o nome a todo o território entre o Líbano e o Mar Vermelho. Ao se transformar o território em domínio romano (anos 65-70), foi-lhe imposto o nome de Síria Palestina. O nome oficializou-se nos dois últimos séculos enquanto pátria de judeus e palestinos.

Pão

É sinônimo de comida e, consequentemente, de comunhão, participação, alegria e festa (At 2,42). A exegese e a teologia bíblica dele derivam aplicações em duas linhas: de uma parte, é aquilo de que o homem necessita para completar sua humanidade de acordo com o plano de Deus (liberdade, cultura, perfeição, solidariedade) e de outra, é sinal alusivo ao maná, à eucaristia, à palavra de Deus e ao banquete messiânico (Jo 6; Mt 4,4; Lc 22,19).

Parábola

Narração fictícia que parte de uma comparação e pode chegar à alegoria. O original *mashal* bíblico é mais amplo e pode designar a fábula, figura, regra, comparação, ficção, argumentação, desculpa, objeção e a semelhança, provérbio, enigma, símbolo, motivo, dito agudo, adágio e exemplo. Embora na Escritura se utilize com relativa frequência o gênero parabólico, o termo reservou-se quase exclusivamente para as comparações, exemplos, símbolos e motivos utilizados por Jesus nos evangelhos sinóticos de Mateus (23), Marcos (6) e Lucas (29), cujo número varia segundo os especialistas (de 18 a 101; embora a maioria aceite de 33 a 40). Algumas destas, por sua riqueza e implicações, passaram a fazer parte da literatura universal e a mostrar, na forma inofensiva do conto, os valores humanos mais profundos e a revelação mais genuína e ao alcance de todos do que é a essência da fé e o reinado de Deus. Tais são os casos das chamadas: "O bom samaritano" (Lc 10,30-37), "Amor de pai" (Lc 15,11-32), "O chefe bondoso" (Mt 20,1-16), "O rico avarento e o pobre Lázaro" (Lc 16,19-31) e "O juízo final" (Mt 25,31-46).

Paráclito

(*"Intercessor"*). Apelativo que o *Evangelho de João* dá ao Espírito (14,16.26; 15,26; 16,7) e outro texto afim o atribui a Jesus (1Jo 2,1). As funções que se lhe atribuem poderiam conceber-se como presença, defesa e atualização da mensagem de Cristo.

Paraíso

(*"Jardim", "Parque"*). O relato de *Gênesis* o apresenta como jardim de delícias na terra do Éden, onde o homem é colocado e do qual é expulso depois de seu pecado (2-3). Textos proféticos posteriores amplificaram o tema e utilizaram a paz e situação primitivas aplicando-as como convivência com Deus, intimidade e beatitude a seu lado (Ez 28,13; 31,9; Jl 2,3) e igualmente fizeram algumas passagens do Novo Testamento (Lc 23,43; 2Cor 12,4; Ap 2,7). Sua realidade sugere um retorno às origens e uma restauração e adequação ao plano de Deus na história. Jesus mesmo se coloca nesta dimensão antes de iniciar sua pregação, segundo o *Evangelho de Marcos* (1,12-13) e a promete ao chamado "bom ladrão" por sua companhia e solidariedade no mesmo sacrifício (Lc 23,43).

Paralipômenos

(*"O mais"*, *"As coisas restantes"*). Nome grego dado aos *Livros das Crônicas* na versão do

Antigo Testamento chamada *Septuaginta*, usado ainda pelos cristãos em tempos recentes.

Parto

Ver: *Maternidade*.

Parusia

(*"Chegada"*, *"Presença"*, *"Vida"*). Aplica-se à presença ou chegada do Senhor Jesus glorioso, reservada para os tempos finais. Da primitiva presença ou chegada de autoridades imperiais a uma cidade helenista, o termo passou a qualificar no Novo Testamento a aparição e visita de Jesus no último dia (Zc 9,9; 1Ts 2,19; 3,13; 4,15; 2Ts 2,1.8-9; 2Pd 1,16), que se identifica com o "dia do Senhor". O tema da parusia implica confiança, esperança e alegria nos que creem (1Ts 5,23; Tg 5,7-8; 2Pd 3,4.12; 1Jo 2,28), pelas consequências que traz e que a mesma Escritura qualifica como criação, reordenamento, cosmogênese, renovação, palingenesia, céus novos e nova terra.

Páscoa

(*"Apaziguar"*, *"Saltar"*, *"Golpe"*). Originalmente foi uma celebração de pastores nômades que sacrificavam um cordeiro ou cabrito à maneira de oferenda de primícias antes de empreender a marcha em busca dos pastos para seu gado. Paralelamente, os agricultores celebravam a colheita do trigo com pães sem fermento ou ázimos. Em um momento de sua história, os hebreus uniram as duas celebrações dando-lhes uma tintura histórica e uma finalidade teológica: o memorial de sua saída ou êxodo do Egito. Finalmente, a celebração ocorreu a 14 de *nisan* (mês que integra parte de nossos meses de março e abril), no plenilúnio da primavera. Nos tempos de Jesus, a páscoa, centralizada, iniciava-se com o sacrifício do cordeiro ou cabrito no templo de Jerusalém e continuava com a ceia pascal em que se comia o sacrifício assado, acompanhado de saladas, salsas, copos de vinho, explicações dos ritos, leituras do texto bíblico em que se evocava a primeira páscoa (Êx 12) e recitação ou canto de salmos (Sl 113-118). Neste longo processo de formação, a páscoa do Antigo Testamento celebrava a saída do Egito, a constituição de Israel como povo de Deus, o tempo original e paradisíaco em que Israel havia dado seus primeiros passos como povo livre e comunidade de culto, e confessava abertamente que Javé era o Senhor da história que falava no tempo e não uma simples divindade que se manifestava nos ciclos da vegetação e da natureza.

Páscoa cristã. A partir da ceia de despedida de Jesus, de sua morte à hora em que se sacrificava o cordeiro pascal no templo (Jo 18,28; 19,42) e de sua consequente ressurreição ao amanhecer do domingo posterior, a nova páscoa de Cristo (1Cor 5,7-8; Hb 9,15-28) se impôs às comunidades cristãs. Estas a celebraram inicialmente a cada domingo (At 20,7; 1Cor 16,2; Ap 1,10) e depois, anualmente. O antigo tema da saída do Egito continuou sendo válido, mas ficou na penumbra; tanto que a morte e ressurreição de Cristo ocuparam o primeiro plano, e até mesmo se robustecendo com a espera de seu retorno escatológico. Deste modo, a páscoa cristã se converteu no centro, ápice e eixo da fé cristã, evocação de sua última ceia, paixão e ressurreição, tema e causa da salvação e origem da comunidade cristã que espera seu Senhor "até que ele volte".

AS PÁSCOAS BÍBLICAS

O Antigo Testamento menciona:

— a do êxodo (Êx 12; até o ano 1250 a.C.);

— a da entrada na terra prometida (Js 5,10-12; até o ano 1200, aproximadamente);

— a ocorrida depois da reforma do Rei Ezequias (2Cr 30; até o ano 721, aproximadamente);

— a realizada depois da reforma do Rei Josias (2Rs 23,2 1-23; por volta do ano 621 a.C.);

— a efetuada depois do regresso da Babilônia (Esd 6,19-22; talvez no ano 515 a. C.).

O Novo Testamento menciona as celebradas por Jesus (Jo 2,13; 6,4 e talvez 5,1) que contrapôs à própria (Jo 11,55; 13,1), mas descreve com amplitude a vivida por ele mesmo nos relatos evangélicos de sua paixão, morte e ressurreição (Mt 26-28; Mc 14-16; Lc 22-24; Jo 18-21).

Pastor

É figura do cuidado, proteção, defesa, guia e liderança de um chefe sobre sua comunidade. Na tradição bíblica, o ofício aplica-se metaforicamente como título de Deus (Sl 23), de reis (Jr 2,8; Zc 10,3) e demais líderes políticos e religiosos de Israel em ambos os testamentos (Gn 48,15; Nm 27,15-20; Ef 4,11; At 20,28). O título refere-se evidentemente aos cuidados desses com o povo e à guia, liderança e influência que desempenham à frente da comunidade. Enquanto atividade, símbolo e título atribui-se também ao futuro Messias, pastor definitivo do povo e comunidade santa (Jr 3,15; Ez 34,23; Zc 13,7) e da mesma maneira se qualifica a Jesus para indicar seu ministério e sua presença entre os homens (Mt 15,24; 25,3; Jo 10). O próprio Jesus utiliza o tema como figura do cuidado e da providência divina sobre seu povo ou então à maneira de comparação e exemplo de vida moral e de compromisso da fé dos que creem (Lc 15,4-7; Mt 18,12-14; At 20,28-29). Ver: *Ovelha, Hospitalidade.*

Paulo

(*"Pequeno"*). Judeu de ascendência e romano de nascimento. Da tribo de Benjamim, fariseu, formado em Jerusalém, primeiramente perseguidor de cristãos e logo o mais entusiasta propagador da fé em Cristo, teólogo, escritor, fundador de comunidades e mártir.

Os *Atos* reconhecem-lhe três viagens mis-sionárias por territórios da Síria, Ásia Menor, Grécia e Roma (13,1-14,28; 15,36-18,22; 18,23-21,14), além de sua prisão da Palestina a Roma (21,17-28,31). Reconhecem-se como dele nove escritos pessoais (*1 e 2 Tessalonicenses; Fi-lipenses; 1 e 2 Coríntios; Gálatas; Romanos; Filêmon; Colossenses*) e outros perdidos (possivelmente outras duas cartas aos coríntios e uma supostamente escrita aos laodicenses: 1Cor 5,9; 2Cor 2,4; 7,8; Cl 4,16). Também são-lhe atribuídos diretamente ou a colaboradores ou então a herdeiros de suas tendências teológicas *Efésios, 1 e 2 Timóteo e Tito*. Como apóstolo foi incansável; como escritor, fecundo e muito atual, cujo pensamento, polivalente e rico, se desenvolve em torno dos temas de Cristo (exaltação, crucificação, ressurreição e glorificação celeste como Senhor), da Igreja (batismo, comunidade de fiéis, corpo de Cristo, organização, carismas e culto) e a salvação orientada para as últimas realidades (escatologia).

Pé

Identifica-se com seu possuidor (Js 14,9; 1Sm 2,9; Sl 9,16; 26,12; 66,9) e indica a conduta da pessoa (Sl 1; Pr 4,18-19). Por sua função primeira de caminhar, indica a mensagem, o seguimento, a decisão e a vontade (2Sm 15,16-17; Is 52,7); indica segurança (Is 6,2; Zc 14,4; Ez 2,1) e é sinônimo dos órgãos genitais (Êx 4,25; Is 6,2; 7,20). Ao cobri-lo indicam-se as necessidades fisiológicas do organismo (Jz 3,24; 1Sm 7,20; Is 36,12); pô-lo sobre alguém é sinal de vitória, autoridade ou poder (Js 10,24; SI 8,7; 110; Ap 12,1); colocar-se ao pé de alguém significa súplica, petição, agradecimento ou respeito (Mt 28,9; Mc 5,22-23; Lc 7,38); sentar-se junto a eles manifesta a atitude de discípulo (Lc 8,35; 10,39; At 22,2); colocar algo em frente aos mesmos é confiar (At 5,2; 7,58); sacudi-los da poeira é sinal de protesto, ruptura ou escândalo (Mt 10,14); e pôr-se de pé equivale a decidir-se.

Lava-pés. Se é um ato de asseio pessoal para qualquer pessoa, o é ainda mais em uma cultura de viandantes como a bíblica. Lavar os pés e oferecer água a outra pessoa para que faça o mesmo é, pois, sinal de educação, respeito, amizade, proximidade e, particularmente, de hospitalidade. Isto é o que faz Jesus ao lavar pessoalmente os pés dos discípulos. Mais que humilhação, humildade ou serviçalidade é reconhecê-los como amigos íntimos, fazê-los sentir seu carinho e, ao mesmo tempo, recorrer a este gesto, real e simbólico, para mostrar-lhes qual é o caminho que deve seguir quem difunde o evangelho: demonstrar-se anfitrião e servir, pôr-se à disposição do outro e espalhar o calor fraterno da fé compartilhada (Jo 13,1-20), mais do que reduzi-la à transmissão impecável de verdades e à comunicação fria de princípios morais.

Pecado

Postura, atmosfera, atitude e realidade complexas e negativas com as quais o homem agride o homem e responde ao amor de Deus. A Escritura as designou e descreveu como rebelião, desobediência, falta, erro, desvio, transgressão e outros 15 vocábulos mais. O tema e concretude conceitual derivaram de ambientes profanos ("falta de tino") e jurídicos (transgressões) ao campo do culto (inobservância, falha) para aterrissar definitivamente no terreno religioso e teológico no qual se define como pecado. A Escritura define sua essência como uma infidelidade à aliança, um enfrentamento a Deus e a suas disposições e um desequilíbrio do indivíduo no seio de uma comunidade, pelo qual colocou sua primeira manifestação em forma parabólica desde as origens do primeiro casal (Gn 3), cujas consequências logo se deixaram sentir na família (Gn 4), em um tipo de humanidade (Gn 6-9) e nas relações de um povo com outro (Êx 1-11). Os evangelhos apresentam Jesus manifestando que a maldade do pecado vai além do simples equivocar-se, referindo-se a sua origem no Maligno (Jo 8,44), presente e atuante no mundo (Jo 1,29) como trevas diante da luz (Jo 1,5; 3,19) e agindo como libertador do mesmo através de sua palavra, sinais, morte e ressurreição. Por sua vez, os escritos paulinos afirmam que o pecado dominou igualmente judeus e pagãos; Adão o causou, a lei o reforça e esse gera morte, mas Cristo o redime e aniquila (Rm 3,5-7; 8,3; 1Cor 15,56).

Pedra

Ver: *Rocha.*

Pedro

(*"Pedra"*, *"Rocha"*). Filho de Jonas, irmão de André, originário de Betsaida, pescador em Cafarnaum, primeiramente, e depois apóstolo de Jesus Cristo, encarregado de confirmar na fé a seus irmãos (Mc 1,29-30; Mt 4,18). As tradições mais antigas reconheceram seu lugar no colégio apostólico e o apresentaram imitando as obras de Jesus (Lc 5,1-11: caminhando sobre a água; At 3,1-11; 5,1-16: fazendo curas e sinais grandiosos), difundindo a mensagem do reino de Deus (At 2-10) e ocupando um lugar principal nas decisões da primeira comunidade de Jerusalém (At 15).

Cartas de Pedro. A tradição do Novo Testamento atribui-lhe duas cartas. 1Pedro, escrita entre os anos 60 e 65, apresenta-se como pregação batismal e exortação a viver a fé prudente e cordialmente nas circunstâncias concretas da vida; 2Pedro, ao invés, é uma espécie de testamento em que se previne a comunidade contra as heresias. Os estudos sobre este escrito o colocam como último do Novo Testamento, redigido entre os anos 125 e 130.

Peixe

Alimento e símbolo aquático da regeneração do que crê (Mt 7,10; 13,47-50). Sua pesca é alusão à difusão do evangelho (Mc 1,17). A tradição eclesial posterior o converteu em símbolo eucarístico e cristológico.

Pentateuco

(*"Cinco livros"*). Nome genérico dado aos cinco primeiros escritos do Antigo Testamento em sua tradição grega, aceito pela tradição cristã.

Pentecostes

(*"Dia quinquagésimo"*). Nome de uma festa do Antigo Testamento surgida para agradecer a Deus as colheitas. Era celebrado sete semanas depois da páscoa, com o nome de "Festa das colheitas" e "Festa das semanas" (Êx 23,16; 34,22; Lv 23,15).

Pentecostes cristão. Recorda o dom do Espírito Santo à comunidade cristã cinquenta dias depois da ressurreição de Cristo e é considerada inauguração da Igreja, cumprimento de algumas profecias sobre os tempos messiânicos e reverso do que aconteceu em Babel (Gn 11,1-7; Jl 3,1-5; At 2).

Perdão

Ver: *Reconciliação*.

Perdição

Ver: *Abadon, Inferno, Sheol*.

Perfume

Essência, unguento e aroma produzidos por combinação de azeite e de resinas aromáticas como o aloé, bálsamo, incenso, mirra e nardo.

Era utilizado como cosmético e aromatizante da pessoa e à maneira de saudação, boas-vindas a um hóspede, homenagem a um defunto, presente significativo, matéria de intercâmbio e tributo a Deus (Sl 23,5; 141,2; Jr 6,20; Mt 2,11; 26,7.12; Jo 12,1-8; Fl 4,18). Enquanto símbolo alude à alma e a suas aspirações, à virtude, à oração, à luz, ao valor de quem o recebe e também como exuberância ou então como sinal de imortalidade, manifestação da perfeição e alusão à beatitude celeste (Gn 8,21; Lc 1,9; Ap 5,8). Ver: *Azeite, Incenso.*

Pinjas

(*"Moreno", "Negro"*). Sacerdote, neto de Aarão, que demonstrou seu zelo religioso matando um hebreu que se entretinha com uma mulher moabita. Seu gesto fez cessar uma calamidade entre os peregrinos do êxodo e ele foi reconhecido como piedoso (Nm 25,6-18; Js 2,9-34; 20,27-28).

Pobreza

É um dos sinais característicos da humanidade como a enfermidade e a morte (Dt 15,11; Mt 26,11; Jo 12,8). Sua origem não é nem a debilidade da própria existência, nem a dureza do solo e da natureza nem a limitação do organismo, mas sim a ambição do homem sobre seu irmão (Jó 5,6-7) que cria acumulação de um lado e desajuste do outro. Tanto o tema como os termos aplicados a quem padece dela são frequentes na Escritura que a considera como uma experiência negativa, fruto da negligência, primeiramente; como castigo à conduta ou também como um escândalo que se deve reparar ajudando os desprotegidos (pobres, órfãos, viúvas, estrangeiros e levitas), em segundo plano. De seu lado, os profetas a denunciam como um drama num grupo de pessoas que creem e a observam como uma característica dos piedosos, que não necessitam dos bens materiais para evidenciar a eleição divina de que são objeto. O Novo

Testamento propõe a comunicação de bens para remediar a pobreza (At 2,44-45; 4,32-35) e a sugere como um ideal e uma ocasião para imitar Cristo, não tanto porque as coisas não valham em si mas por uma escala de valores cujo primeiro degrau é o próximo (Mt 5,3; 10,42; 11,5; 25,40).

Pobres de Javé. É um dos títulos que se dá aos piedosos no Antigo Testamento (Sf 2,3; 3,11-13; Is 49,13; 61,1-3; 66,1-2; Sl 9,10; 10,17; 73,3-11; 133,1-2), assumido também no Novo (Mt 5,3).

Pomba

É a ave que serve como oferenda dos pobres ao templo (Nm 6,8-10; Lc 2,24), mas é mencionada metaforicamente como imagem da mulher e de sua beleza e donaire (Ct 1,15; 2,14; 5,2), do crente (Sl 55,7), da confiança (Gn 8,8-12) e também da estupidez humana (Os 7,11-12). Jesus aconselha imitá-la por sua docilidade e candura (Mt 10,16). A descida do Espírito sobre Jesus é comparável à aterrissagem da ave (Mt 3,16; Mc 1,10), embora a tradição a tenha mudado em emblema do Espírito Santo.

Porta

Ponto-chave e crucial nas antigas localidades semitas onde se celebravam julgamentos, deliberações, assembleia e mercado e que poderia equiparar-se à praça atual. De tal uso derivou uma linguagem especial: estar à porta indica aproximação, presença e interesse (Ap 3,20); abri-la é acolher com gesto de hospitalidade e solidariedade; fechá-la é sinal de rejeição; mas passar pela porta estreita indica esforço, engenho, constância e sofrimento não evidentes, porém eficazes (Mt 7,13-14; 24,33; 25,10; Tg 5,9). Jesus se autocompara à porta que dá acesso ao Pai (Jo 10,1-21). Simbolicamente, a porta é divisão e fronteira de dois mundos ou estados; barreira cuja passagem se reveste de sacralidade, pois dá ingresso ao mistério, à luz e ao mais além; e é sinal de mudança fundamental na vida do que crê, a um ponto que equivale à catarse, à conversão e à renovação.

Presbitério

Ver: *Ancião, Bispo.*

Profeta

(*"O que fala em nome de, na frente de ou de antemão"*). Porta-voz chamado, inspirado e enviado por Deus a proclamar sua mensagem e vontade. Enquanto a tradição judaica e bíblica registra seus profetas, seus oráculos e a história em dois blocos: "profetas anteriores" (*Josué, Juízes, 1 e 2Samuel, 1 e 2Reis*) e "profetas posteriores" (nossos profetas escritores sem *Daniel*), a tradição cristã fala de "grandes" (*Isaías, Jeremias, Ezequiel e Daniel*) e "menores" (*Oseias, Joel, Amós, Abdias, Jonas, Miqueias, Naum, Habacuc, Sofonias, Ageu, Zacarias, Malaquias*) e une *Baruc* a *Jeremias.* De outro lado, o profético não se reduz a esses escritos, mas impregna também a Bíblia inteira. De seu lado, o Novo Testamento fala de Zacarias, Ana e João Batista como profetas (Lc 1,67; 2,36; 3,1-22; Mt 11,11-14) e idêntico título é dado a Jesus (Lc 4,16-30; 13,32-33). A comunidade cristã depois da ressurreição de Cristo também conta com profetas, cujas funções vão da interpretação da vontade de Deus à exortação e edificação da comunidade frente aos falsos profetas (1Cor 14; At 11,27-28; 13,1-2; 21,9-10).

Provérbios

Escrito do Antigo Testamento catalogado entre os sapienciais, cujo nome deriva de seu conteúdo, nove coleções de ditos atribuídos a diferentes autores: gerais (Pr 1-9; 30,15-33; 31,10-21), de Salomão (10,1-22,16 e 25,1-29,27), dos sábios (22,17-24,34), de Agur (30,1-14) e de Lemuel

(31,1-9). Neles, com diferente profundidade e insistência, tocam-se temas morais e de vida prática à maneira de atualização e acomodação da fé.

Publicano

Nome dado aos arrecadadores de tributos que trabalhavam para os romanos no tempo de Cristo. Seu trabalho associava-se ao dos pecadores públicos pelo risco que corriam os do grupo de adquirir dinheiro injusto (Mt 18,17; Lc 3,12-13). Os evangelhos mencionam os casos especiais de Mateus apóstolo e de Zaqueu de Jericó com cujo exemplo se pretende resgatar essa atividade humana e criticar juízos de valor sem fundamento sobre a atividade humana e a classificação do trabalho em bom e mau (Mt 9,9-13; Lc 19,1-10).

Pureza

Estado original de pessoas, animais, coisas e situações com a qual se identifica o não manchado, o incólume, o primitivo, o outro, o separado e o santo. Tal situação se considera carregada de dinamismo especial, digna de ser imitada e repetida ou então como um estado a se procurar mediante ritos de purificação. O Antigo Testamento assumia como impuro o pagão, muitos animais, as representações divinas, a terra estrangeira e os costumes de seus habitantes (Lv 11-16; Is 52,11), o oposto à vida (morte, enfermidade: Nm 19,11; Dt 26,14) e o relacionado com a vida sexual (Lv 12; 15). Por sua vez, a pureza se classifica em moral, ritual ou legal e se solicita ao fiel e a toda a comunidade como requisito para aproximar-se de Deus. O Novo Testamento aclara alguns elementos fundamentais: não é o externo ou o material puro ou impuro sem mais, já que é o coração humano o eixo, motivo e origem de toda pureza (Sl 51; Mc 7,18-22; Jo 15,3). Em consequência, o cristão deve abandonar toda divisão geral e *a priori* de puro e impuro no mundo (At 10), desde que Deus fez as coisas com bondade (Gn 1; Sl

8; 19,1-7; 104; 105; Jó 38-39) e em Cristo Jesus eliminou toda barreira de profano e sagrado, de histórico e meta-histórico, de natural e sobrenatural, de material e espiritual (Cl 1,20; 2,14-23). Ver: *Criação, Mundo, Terra.*

Purificação

Ver: *Ablução, Batismo.*

Qohelet ou Cohelet

(*"Pregador"*): Ver: *Eclesiastes.*

Querubim

(*"Orante"*, *"Protetor"*). Anjo próximo do trono divino que lhe serve de transporte e funciona como guardião de seus interesses na porta do Éden e sobre a arca (Gn 3,24; 1Sm 4,4; Sl 80,2; Ez 1; 10; Êx 25,18-20), cujas características (asas, fogo, guarda e presença repulsiva) parecem derivar com probabilidade de figuras míticas comuns na Mesopotâmia.

Questão Sinótica

Ver: *Sinopse.*

Qumrán

Localidade da Palestina a noroeste do Mar Morto, celebrizada a partir dos descobrimentos

172 / Qumrán

arqueológicos de 1947 em diante. Foi sede de um mosteiro da seita judaica dos essênios, atuante entre 150 a.C. e 70 da era cristã. Entre seus restos e algumas grutas dos arredores descobriram-se todo tipo de instrumentos e escritos do Antigo Testamento, apócrifos e documentos próprios, utilizados atualmente para aclarar questões bíblicas e situações do tempo de Jesus (mentalidade, literatura, concepções religiosas).

Manuscritos de Qumrán. São os documentos descobertos em grutas próximas da localidade, nas quais foram colocadas por seus proprietários para evitar a sua destruição, por causa dos conflitos bélicos na Palestina na segunda parte do século I. Chamam-se também "Documentos ou manuscritos do Mar Morto" e entre os principais podem-se considerar os seguintes: *Documentos de Damasco* (exortação e conjunto de leis), *Regra da comunidade* (legislação interna da comunidade alcançada em sucessivas etapas de reelaboração), *Hinos* (textos piedosos semelhantes em muitos aspectos aos *Salmos* canônicos), *Livro da guerra* (espécie de guia espiritual, tática e ritual dos essênios em sua luta contra os filhos das trevas), *Rolo do templo* (coleção de prescrições religiosas, festas e sacrifícios, regulamentação do templo, estatuto do rei e normas morais supostamente ditadas por Deus a Moisés), textos apócrifos (*Testamentos dos patriarcas, Henoc, Salmos apócrifos, Oração de Nabonida*) e textos bíblicos (*Rolos de Isaías*: o texto bíblico mais antigo que se conhece; e vários comentários a escritos bíblicos, particularmente dos profetas, denominados *pésher: Pésher de Habacuc, Pésher de Naum, Pésher do Salmo 37*).

Raab

(*"Lugar de passo"*). Nome de uma prostituta de Jericó, a qual ajudou os espiões hebreus, dando-lhes informação, refúgio e apoio antes da conquista da cidade. Também solicitou para eles proteção quando a conquistassem (Js 2,1-24; 6,17-25). O Novo Testamento a considera uma figura dos que creem e a coloca na genealogia de Jesus (Mt 1,5; Hb 11,31; Tg 2,25).

Raab (*"Impetuoso"*, *"Tempestuoso"*). Era o nome de um monstro mitológico (também escrito *Rahab*), símbolo do mal e evocação do Egito (Is 30,7; 51,9; Jó 7,12; Sl 89,11).

Ver: *Genealogia, Monstros.*

Rabi

Ver: *Mestre.*

Rafael

(*"Medicina de Deus"* ou *"Deus curou"*). Companheiro misterioso e conselheiro de Tobias a quem acompanhou em sua viagem, salvou do demônio Asmodeu, orientou-o em seu matrimônio e o ajudou a encontrar o remédio para curar seu pai cego. É considerado um dos sete anjos que estão na presença divina e a tradição cristã posterior o considera arcanjo. Ver: *Tobias.*

Raio

Como o fogo, a luz e a nuvem, forma parte da linguagem da epifania. Deus é representado entre raios e tronos para enfatizar seu poder

174 / Raquel

cósmico e de acordo com antigas representações dos deuses guerreiros de Canaã (Êx 9,23; 2Sm 22,15; 2Rs 1,10-14; Ez 1,13). Os textos apocalípticos do Novo Testamento apresentam a parusia de Jesus e o poder divino recorrendo ao raio como para indicar o imponente e o majestoso de sua presença, ao mesmo tempo para assinalar sua origem divina e celeste (Mt 24,27; Lc 9,54; Ap 4,5; 6,1; 11,19). Em outras passagens fala-se do trono (do raio), de fragor ou de uma espécie de "voz cósmica" que se deixa escutar para confirmar a pessoa e a palavra de Jesus (Mt 3,17; Jo 12,28-29).

Raquel

(*"Cordeiro"*). Filha de Labão e irmã de Lia, ambas esposas de Jacó. O patriarca casou-se com ela depois de sete anos de trabalho para Labão. Como Raquel era estéril, aceitou como filhos seus e de Jacó os de sua escrava Bilrah (Dan e Neftali) até que fosse abençoada pela fecundidade materna e deu à luz José e Benjamim (Gn 29-30; 35,16-20). Morreu em seu segundo parto. *Jeremias* 31,15 e *Mateus* 2,18 apresentam a imagem lúgubre de Raquel que chora seus filhos; o segundo, por ocasião da morte dos meninos inocentes de Belém, por ordem de Herodes. Uma tradição coloca seu sepulcro perto de Belém.

Rebeca

(*"Vaca"*). Filha de Betuel, esposa de Isaac e mãe de Esaú e Jacó. Sua predileção pelo segundo levou-a a enganar o marido e conseguir a bênção para seu preferido que, no final, resultou providencial (Gn 24; 26,1-11; 27).

Reconciliação

Conceito-chave em toda a Escritura que se manifesta como amor de Deus para o homem, como misericórdia e como bondade suma que culmina no perdão. O tema bíblico traz consigo o aspecto de expiação de culpa e de amizade protetora à maneira de restauração e transformação que inclui humanidade e natureza (Jr 16,15; Ez 16,55; At 3,21; Mc 9,12) e como absolvição, redenção e paz, dons messiânicos que garantem a paternidade divina (Jo 14,27; Rm 5,10; 2Cor 5,18-20; Ef 2,14-17; Cl 1,19-23). O que crê é convidado a converter-se também em ministro de reconciliação para os demais (2Cor 5,19; Ef 6,18-20).

Redenção

Originalmente era entendida como resgate e vingança de um parente, e quem a alcançava era considerado redentor (Lv 25,23-55; Dt 19,6.12-13). Semelhante resgate se efetuava pagando-se a dívida do cliente a libertar, ressarcindo o dano em que havia incorrido e provocado ou ainda cobrindo o equivalente com troca como no caso dos primogênitos, resgatados mediante uma oferenda ao templo (Êx 13,13-15; Nm 18,15-16). A partir desta realidade, o conceito e tema se aliaram às ações de Deus em favor de seu povo, de modo que *Goel* (libertador, redentor, resgatador) se empregou como título divino (Êx 6,6; Is 43,14; 44,6.24; Jó 16,21; 19,25). O Novo Testamento herdou esta segunda acepção e apresenta Jesus como o redentor definitivo que entrega sua vida como resgate pelos homens (Mt 20,28; Mc 14,24; Rm 3,24; 8,23; Ef 1,7; 1Tm 2,6) como o fizera o Servo de Javé (Is 53,11-12).

Rei

Ver: *Reino de Deus.*

Reino de Deus

A partir do título de rei aplicado a Deus, Israel utilizou o conceito de reino (ou melhor: reinado) para expressar a soberania divina e suas consequências no meio de seu povo. Israel esperava que

176 / Reis

esse senhorio divino se desse sobre toda si-tuação, sobre todos os povos e sobre o próprio cosmos, pois o entendia não tanto como um lugar ou um estilo ou forma de governo mas antes como uma relação estável com Deus jamais alcançada por reis (Sl 47; 96). Por sua parte, Jesus proclamou a aproximação do reinado de Deus, ou reinado dos céus segundo a expressão de *Mateus*, convidando à conversão e anunciando-o já presente e em ato através de suas palavras e obras (Mt 3,2; 4,17; 12,28; 13). Os cristãos reconheceram a manifestação desse reinado de Deus na própria pessoa de Jesus e em seu mistério pascal, motivo de pregação e de esperança (Mt 21,5; Jo 12,13.15; 1Cor 15,24).

Reis

Nome dos escritos do Antigo Testamento em que se narram as vicissitudes das monarquias de Israel e de Judá, de seus reis a partir dos últimos anos de Davi, e das pessoas e sucessos ocorridos entre os anos 970 e 570 a. C. para o Reino de Je-rusalém e 930-721 a.C. para o Reino de Samaria. Originalmente, os *Livros dos Reis* formavam um escrito só e, além disso, eram como a terceira parte de uma grande história de Israel que se iniciava com *Josué* e *Juízes*, do ponto de vista e perspec-tivas dos profetas deuteronomistas. A tradição hebraica ou massorética (tradicional) integrava *1* e *2Reis* no grupo dos profetas primeiros ou anteriores, já que neles está a presença de vários desses e sua perspectiva de fundo é precisamente profética. Ver: *Deuteronômio*.

Repouso

Ver: *Descanso*.

Resgate

Ver: *Redenção*.

Responsabilidade

Enquanto derivado de responder, o conceito indica o compromisso total e dialogal do crente que faz caso da proposta salvadora de Deus. Os profetas Jeremias e Ezequiel foram os primeiros a postular o princípio da responsabilidade pessoal, distinguindo-a da responsabilidade coletiva que já se vinha dando tradicionalmente em forma de solidariedade e seus derivados. Enquanto o primeiro se pronuncia pela abolição do castigo coletivo por causa do pecado individual, de modo que os filhos não devem pagar pelos pecados dos pais, Ezequiel propõe que tanto a responsabilidade na culpa como no castigo consequente serão individuais (Jr 31,29-30; Ez 14,12-20; 18; 33,10-20). De agora em diante, salvação e perdição não dependerão de ninguém mais que das disposições do coração, que guiam cada crente no momento atual, pois nem sequer uma boa conduta passada poderá salvar de uma maldade atual. Os textos posteriores a estes profetas corrigem parcialmente esta visão particularista e propõem o resgate solidário e voluntário de um em favor de seus irmãos, como é o caso do Servo de Javé (Is 42,1; 52,13-53,12). De sua parte, o Novo Testamento enriquece e amplia o tema com uma moral mais exigente, como quando Jesus propõe uma justiça nova (Mt 5,20-48) e a prática do amor enquanto guia de fé e mostra do seguimento (Jo 13,34-35; 1Cor 13). Outros textos sugerem que a responsabilidade exige sempre uma resposta e, quando não há resposta, cai-se em pecado (Tg 1,22-24; 4,17). Não obstante, fica sempre vigente o cuidado e responsabilidade sobre os demais e uma participação ativa na hora de responsabilizar-se por sua sorte (Mt 18,15-18; At 4,32-34).

Ressurreição

Partindo da fé e esperança de Israel no Deus vivo que pode resgatar da morte seus fiéis (Sl 16,9-10), os escritos do Antigo Testamento vislumbraram a reconstrução de Israel sob esquemas

178 / Ressurreição

diferentes: à maneira de cura e recuperação do defunto (1Rs 17,17-24; 2Rs 4,8-37; 13,14-21); caso diferente é o da assunção de personagens amigos de Deus, que parecem não morrer, mas reunir-se com Deus, raptados por este (Henoc: Gn 5,24; Elias: 2Rs 2,1-12; o Servo de Javé: Is 53,8-12); depois, em forma de restauração de todo o povo que Deus faz viver (Os 6,1-3; Ez 37,1-14); ou então como permanência na vida mesmo depois da morte (Is 26,19; Dn 12,2-3; 2Mc 7,9-14; 12,44); e também como entrada na imortalidade desde a perspectiva grega (Sb 2,23; 3,1-5). De todas estas passagens resulta uma constante esperança na ressurreição corporal de justos e injustos ao final e também a ideia da imortalidade, considerada como sobrevivência individual. Por sua vez, o Novo Testamento oferece três exemplos prodigiosos de Jesus à maneira de retorno à vida terrena nos casos do filho da viúva de Naim, no caso da filha de Jairo, e no de seu amigo Lázaro de Betânia (Mc 5,39-43; Lc 7,11-17; Jo 11,38-44). Os três casos seguem o esquema do Antigo Testamento que poderia chamar-se "cura" e cuja apresentação literária induziu a pensar que a ressurreição de Jesus ocorreu da mesma maneira.

Ressurreição de Jesus. No caso de Jesus, sua ressurreição é apresentada como plenitude de vida e como exaltação. Os textos em que é mencionada são variados: confissões de fé (1Ts 1,9-10; Rm 8,34; 10,9), hinos (Fl 2,6-11; Cl 1,15-20; Ef 2,14-16; 1Tm 3,16), fórmulas de anúncio apresentadas como pregação do evento (Mc 8,31; 9,31; 10,34), mas sobretudo relatos apresentados como história como os que concluem os quatro evangelhos (Mc 16; Mt 28; Lc 24; Jo 20-21). Na realidade tais relatos não dizem nada do "como" nem do "quando" da ressurreição de Jesus enquanto tal, mas se detêm a descrever as circunstâncias em que ela sucede, a mensagem derivada dela como missão dos discípulos e as aparições do Ressuscitado a testemunhas oficiais (os Doze) e extraoficiais (discípulos de Emaús, mulheres), cujo elenco formal se dá em um "credo" (1Cor 15,3-8). Em tais casos, o tema da ressurreição apresenta-se em duas direções: o relato "tipo Jerusalém" e o relato "tipo Galileia", segundo um esquema bastante homogêneo: descrição da situação, iniciativa de Jesus que se apresenta sem ser esperado, reconhecimento do Mestre por parte dos discípulos e encargo ou missão que devem difundir. Nas aparições de Jerusalém "a pedra" e "o sepulcro vazio" desempenham um papel parecido com o da "prova" que reforça a veracidade do acontecimento.

Ressurreição dos cristãos. Algumas passagens se referem ao tema da ressurreição dos justos e fiéis no final dos tempos, que de si já começou como efeito da fé em Cristo Jesus (Cl 3,1-3; 2Tm 2,18; 1Jo 3,14); outros dão perspectivas sobre os ressuscitados (1Cor 15,35-53); e alguns mais da tradição paulina se referem ao batismo cristão como ocasião e situação em que o que acredita em Jesus morre com ele para com ele ressuscitar para a vida nova (Cl 2,12; 3,1; Ef 2,6; 5,14).

Resto

No princípio designou os sobreviventes de uma catástrofe (Am 5,5); depois os escolhidos que serão salvos no dia de Javé (Is 4,4; 10,22; Jr 23,3; Mq 5,6-8); posteriormente os judeus que voltam sãos e salvos do exílio à Babilônia (Ez 6,8-10; 9,4; 14,22-23); e finalmente um grupo de piedosos, judeus ou não, que confiam em Deus e se constituem seus "fiéis" e "pobres" (Sf 3,12; Ag 1,12; Zc 8,6.11; Sl 133). No Novo Testamento, o conceito qualifica o novo Israel de Deus (Mt 3,9.12; Rm 11,7.11-24).

Retribuição

Mais que recompensa ou pagamento é dom que Deus concede aos que creem em razão de sua fidelidade (Ez 18,2-3; Mt 25,31-46; Ap 22,12). O piedoso do Antigo Testamento a via refletida nos bens materiais aos quais considerava evidência da bênção divina e como motivo de alegria. O

180 / Revelação

tema foi-se espiritualizando até chegar à ideia do Deus juiz e justo, que premia ou castiga no momento oportuno, ocasião que se faz coincidir tanto com as circunstâncias da vida como com o dia do Senhor. O Novo Testamento a colocou em relação com a parusia de Cristo e com o tema do juízo final.

Revelação

Manifestação de Deus que implica um anúncio e ensinamento sobre seu mistério, o do homem enquanto tange à salvação. Tal revelação ocorre como epifania ou manifestação de Deus na natureza e no mesmo devir desta, enquanto palavra inspirada aos seus mensageiros ou então como atividade, mensagem e pessoa do Enviado que é Cristo (Sl 8; Sb 13,3-5; Rm 1,19-21; Jo 1,1-18; Hb 1,1-4). Ver: *Bíblia, Epifania, Profeta.*

Rins

Ver: *Entranhas.*

Riqueza

A Escritura a considera uma espécie de sacramental e sinal da bênção que aumentará até sua plenitude nos tempos messiânicos (Dt 28,1-4; Pr 3,16; Is 23,17-18; 60-62; 1Rs 3,13). Negativamente e pelas situações que gera, aparece como fruto de rapina e acumulação injusta à custa dos pobres, vergonha para um povo que crê, azar, fragilidade e fumaça (Am 6,1-14; Is 5,8-24; Jr 5,27-28). O Novo Testamento não se afasta desta orientação, mas previne-a por considerá-la risco, atadura e ídolo que pode desviar o que crê (Lc 12,13-34; 16,9.11; Mt 6,24). Bem empregada, a riqueza é participação, responsabilidade e possibilidade para aliviar angústias e dificuldades (Lc 8,2-3; 2Cor 8-9). A participação ou comunicação de bens é um ideal que se recomenda (At 2,44-45; 4,34-35) e a renúncia voluntária à riqueza em razão do reino de Deus não é nenhum sacrifício extra que se possa solicitar ao cristão, senão o requisito necessário para que se mostre autêntico discípulo e seguidor de seu Mestre (Mt 8,19-20; 16,26; Lc 10,17-31), visto que o fiel vive a vida terrena como situação de passagem fazendo ricos a outros mesmo sem ter nada, mas possuindo tudo na fé (2Cor 6,10; 8,9; Fl 4,12-14).

Roboão

(*"Deus expandiu o povo"* ou *"O tio me delatou"*). Filho e sucessor de Salomão, rei de Judá entre 933 e 911 a.C. e causa da separação do reino de Israel, por suas medidas arbitrárias contra as tribos irmãs do norte. Os livros históricos dão diversas interpretações a seu reinado, predominando o negativo (1Rs 12; 14,21-30; 2Cr 10-12). Esses mesmos acentuam a culpa de Jeroboão, o independentista e primeiro rei do reino separado, chamando-o precisamente "o pecado de Jeroboão", pelas consequências que tal separação teve para a fé. Ver: *Jeroboão.*

Rocha

Na Escritura é utilizada como símbolo de estabilidade, constância, segurança e perenidade, mas também como metáfora de obstinação e escândalo. Em sua melhor aplicação, é epíteto divino, proteção e refúgio do que crê (2Sm 2,22; Dt 32,4.15.18.30-31), sobretudo na piedade dos *Salmos* (18,3; 31,3-4; 94,22; 144,2), que lhe acrescentam aspectos como os do descanso, da paz, da segurança e da proteção. A tradição bíblica deu conteúdo messiânico à "Pedra de Sion" (Is 28,19) colocada como remate final ou então como fundamento de uma construção e que o Novo Testamento referiu a Cristo (Is 8,14; Dn 2,44; Sl 118,22; Lc 2,34; 20,17-18; At 4,11; 1Pd 2,4-7) como fundamento de nova comunidade escatológica e como escândalo para o judaísmo que via com maus olhos o cristianismo nascente. Outra pedra célebre, também com acentos tipo-

182 / Romanos

lógicos e messiânicos, foi a Rocha do deserto, a qual, tocada pelo bastão de Moisés, deixou sair água para matar a sede do povo durante o êxodo (Êx 17,1-7; Nm 20,1-13). A interpretação do Novo Testamento a faz companheira do povo peregrinante e a identifica com o próprio Cristo (1Cor 10,4).

Pedro-pedra. O Novo Testamento, escrito em grego, traduz simplesmente o *Cefas*, nome aramaico original do apóstolo Pedro, e aproveita o simbolismo da rocha para aplicá-lo a esse discípulo por sua confissão aberta sobre o messianismo de Jesus (Mt 16,13-20). Desta maneira, Jesus o propõe como pedra-base da comunidade, epíteto e missão que se reforça com o de pastor que lhe é conferido depois da ressurreição (Jo 21,15-19). Ver: *Pedro.*

Romanos

Destinatários de uma carta-tratado do apóstolo Paulo, escrita entre os anos 57 e 58. É o escrito mais rico e desenvolvido do Novo Testamento sobre o tema histórico da salvação em todos os seus aspectos, que se pode estruturar em breves destaques: prólogo (1,1-17); situação da humanidade pecadora (1,18-3,20); o dom da justificação divina (3,21-4,25); o método da gratuidade (5,1-21); as perspectivas divinas a respeito do homem (liberação do pecado, da morte e da lei: 7-8; e a nova vida segundo o espírito: 8); resumo do plano de Deus na história (9-11); guia prático e moral (12-15,13), recomendações finais e saudações (15,14-16,16).

Rosto

Ver: *Cara; Face.*

Ruben

(*"Ele viu minha aflição"*). Primogênito de Jacó e Lia (Gn 29,32; 35,22). Defendeu José de seus irmãos que pretendiam assassiná-lo por inveja e ciúmes, mas cometeu incesto com uma concubina de seu pai (Gn 35,22; 37,21-22). Sua tribo, estabelecida na Transjordânia, parece ter perdido a preeminência entre as demais desde muito antigamente, pois nem sequer participou da chamada "conquista de Canaã" (Gn 49,3-4; Jz 1).

Rute

(*"Amiga", "Companheira"*). Estrangeira, originária de Moab e protagonista do livro do mesmo nome. Casou com um judeu e, viúva, emigrou para Belém com a sogra Noemi, onde casou com Booz, chegando a ser mãe de Obed, avó de Jessé e bisavó do rei Davi. Figura na genealogia de Jesus Cristo (Mt 1,5) e é símbolo e modelo, para o judeu, do estrangeiro que se converte a Javé e passa a fazer parte do seu povo (Rt 1,16-17). Sob o aspecto literário o *Livro de Rute* pode classificar-se como uma "Vida exemplar" de caráter pastoril.

Sábado

(*Talvez: "Descanso"*). Supõe-se derivado de alguns dias babilônicos nefastos (7, 14, 21 e 28 de alguns meses) ou então de um calendário agrícola cananeu ou também de um dia festivo cananeu no qual se descansava. A legislação do Antigo Testamento o considera dia de repouso do trabalho (Êx 34,21), ao qual se foram acrescentando outras motivações religiosas: retorno aos tempos primitivos em que o homem descansa

184 / Sabedoria

para imitar a Deus (Êx 23,10-19; 20,8-11), evocação do êxodo e da consequente libertação (Dt 5,12-15), tempo dedicado ao culto e, por isso, ocasião de festa e sinal de distinção entre os demais povos (Ne 13). Desde o *Gênesis* (2,2-3) estabelece-se e se destaca seu valor santificador e de realidade bendita. Os aspectos legais de sua celebração foram-se delineando pouco a pouco até os tempos de Cristo. Jesus critica o formalismo farisaico a respeito do sábado e afirma que este foi estabelecido para benefício do homem e não vice-versa (Mc 2,23-28; 3,1-6), razão suficiente para que os judeus contemporâneos lhe retribuíssem com hostilidade e vigiassem suas obras (Jo 5,16-18; 7,23; Lc 13,14; 14,1-2). Ver: *Descanso, Dia do Senhor, Domingo.*

Sabedoria

Arte de harmonizar conhecimento, vontade e ação, cujo princípio básico é o "temor de Deus" na perspectiva dos escritos sapienciais. É descrita como inteligência, projeto, habilidade, ciência, reflexão, educação, doutrina e dez conceitos mais. Costuma aparecer em diversos gêneros literários de expressão: ditos, exemplos, paradoxos, ensinamentos moralizantes, perguntas e comparações. A sabedoria bíblica relaciona-se com a similar de outras literaturas orientais antigas, mas se distingue delas por seu peculiar acento religioso e seu aspecto pedagógico mais que especulativo. A esta sabedoria do bem fazer e do bem viver, busca do êxito e observação da natureza chega a personificar-se (Pr 8; Eclo 24; Sb 7,22-30, Jó 28). O Novo Testamento dá o último passo e qualifica Jesus como a "sabedoria de Deus" (1Cor 1,17-31; Cl 1,15-20).

Livro da sabedoria. Último escrito do Antigo Testamento, pertencente à literatura sapiencial (ano 50 a.C., aproximadamente) que se costuma dividir em três partes: razão da vida humana no plano divino (Sb 1-5), elogio da sabedoria (6,1-11,3) e meditação sobre o tema do êxodo

(11,4-19,22). O escrito maneja temas anteriores e os reelabora em duas perspectivas: ecumênica (ao alcance de todos) e atualizante. Pelo tempo em que surgiu, o escrito ressente-se muito da influência helenista como se depreende da maneira com que aborda os temas bíblicos tradicionais ou amplia outros como o da vida no além à maneira de imortalidade (Sb 3,4; 4,1; 15,3) e a própria linguagem em que traduz as tradições e pensamentos bíblicos anteriores (7,22-30).

Sacerdote

A etimologia latina e grega do conceito o liga ao sagrado, enquanto a hebraica o relaciona com o santuário ("O que está diante de Deus", "o que se inclina" ou então "O que procura prosperidade", talvez referindo-se à bênção que concede ou oráculo que emite). Nos tempos mais antigos era o chefe da família quem presidia o culto como no caso dos patriarcas que erigem altares, dão a bênção e oferecem sacrifícios (Gn 8,20; 12,8; 33,20). Posteriormente, Moisés consagra Aarão e comissiona seus filhos para essas funções (Lv 8,1-36), de modo que a tribo de Levi, laica como as demais, é escolhida para funções ministeriais e se converte em matriz que provê ministros para o culto (Jz 17). Nos tempos dos reis, os sacerdotes parecem ser simples delegados seus no exercício dessas funções, porém, depois do exílio (587 a.C.), têm já um estatuto próprio e contam com vestimenta especial, são consagrados mediante unção (Êx 29, Lv 8), dividem-se em classes, exercem funções específicas no santuário, dispõem de rendas e de residência em diversas cidades (Nm 35,1-8; Lv 6-7; 21-22; 1Cr 24). No tempo de Jesus o Sumo Sacerdote era o oficiante supremo, chefe político da nação e chefe do Estado, que recebia a nomeação oficial por parte dos monarcas locais ou com o beneplácito das autoridades romanas. Na classe continuam: a nobreza sacerdotal, os simples sacerdotes e os levitas (espécie de clero menor). Todos eles viviam do templo e constituíam o partido saduceu.

Sacerdócio cristão. A *Carta aos hebreus* é o único documento do Novo Testamento que apresenta Jesus com características sacerdotais e lhe dá o nome de Sumo Sacerdote, não segundo o sacerdócio de Arão, mas segundo o de Melquisedec (5,1-10; 7-8; 9,11.24-28). Algumas outras passagens aqui e ali se referem aos cristãos como uma comunidade sacerdotal (Rm 12,1; 1Pd 2,5; Ap 4-5).

Sacrifício

Oferenda animal e vegetal que se destrói total ou parcialmente para indicar sua separação de usos profanos e sua consagração a Deus. O Antigo Testamento menciona o holocausto ou sacrifício total, o sacrifício de comunhão e o sacrifício pelo pecado, além dos sacrifícios diários e festivos. No fundo, o sacrifício indica o desejo do sacrificante de conviver com Deus, entregar-lhe algo próprio ou então entregar-se a si mesmo atrás da oferenda e de propiciá-lo. Jesus não nega o valor do sacrifício, mas apoia a perspectiva profética da misericórdia frente ao sacrifício (Mt 5,23-24; 9,13; 12,7). O próprio e sua morte é apresentado como o único sacrifício agradável a Deus, realizado uma vez por todas e capaz de originar perdão dos pecados (Hb 7,27; 9,12; 10,1; 1Pd 2,21-4). Ver: *Holocausto, Oblação.*

Sadoc

(*"Justiça", "Justo"*). Sacerdote no tempo de Davi, atuante em sua corte e com posturas diversas às do sacerdote Abiatar. Apoiou o partido de Salomão e mereceu ser confirmado em seu posto quando este ocupou a monarquia, enquanto Abiatar foi desterrado por sustentar outro candidato (2Sm 15,24-29; 19,12-15; 1Rs 1,7-45; 2,26-27). No tempo do profeta Ezequiel, seus descendentes, "os sadoquitas", constituíam o sacerdócio legítimo (Ez 40,46; 43,19; 44,15; 48,11). Seu nome talvez tenha passado ao dos saduceus, contemporâneos de Cristo.

Saduceus

(*"Os justos"* ou *"Os descendentes de Sadoc"*). Grupo religioso judeu, arraigado no sacerdócio de Jerusalém e distante em questões religiosas e em doutrina do grupo dos fariseus. Restringiam-se com fidelidade excessiva à tradição escrita de Moisés, mantinham o poder religioso do templo e o político, reforçado pelo econômico, pois constituíam a classe aristocrática e helenizada da Judeia. Em suas doutrinas não aceitavam a ressurreição, os anjos e espíritos (At 4,1; 23,6-8; Mt 22,23-33), nem outras inovações religiosas dos fariseus. Desapareceram com o templo judeu no ano 70. Ver: *Essênios, Fariseus*.

Salmos

(*"Poemas acompanhados por música"*). Cento e cinquenta hinos e cânticos do Antigo Testamento compilados em um livro desse nome. Neles se reflete a piedade dos fiéis com diferentes gêneros e modalidades (louvor, confiança, chamada de auxílio, confissão dos pecados, instrução, hino propriamente dito e outros gêneros mais). O conjunto se estrutura à maneira de "Pentateuco da piedade" em cinco partes ou grupos: (1-41; 42-72; 73-89; 90-106; 107-150). Costuma-se citá-los segundo um duplo catálogo: o hebraico e grego. Daí a numeração variável pela união de uns (9-10 hebraicos: 9 grego; 114-115 hebraicos: 113 grego) e desdobramento de outros (116 hebraico: 114-115 gregos; e 147 hebraico: 146-147 gregos). Normalmente cada salmo começa com um título em que se especificam: autor (Davi, Asaf, Coré), termos que expressam seu caráter poético (salmo, canto, lamento), tipos de instrumentos (instrumento de cordas, flauta, voz humana), modo de execução (talvez de acordo com melodias e ritmos conhecidos então: "Cerva da manhã": Sl 9; "Lírios": 51 45; 60; "Não destruas": Sl 57-59 e 75) e uso litúrgico (memorial: 38; 70; agradecimento:

100; ensinamentos: 60; para diferentes dias da semana: 92; 24; 48; 94; 96). O Novo Testamento dá mostra da riqueza sentimental e teológica dos *Salmos* citando deles uns 78 versículos e compondo outros que põe na boca de Jesus ou de diversos personagens (*Magnificat* de Maria: Lc 1,46-56; *Benedictus* de Zacarias: Lc 1,67-79; *Glória dos anjos:* Lc 2,14; *Nunc dimittis* de Simeão; Lc 2,29-32; *Cântico do Cordeiro:* Ap 15,3-4; *Lamentação sobre Babilônia:* Ap 18; e outras citações de seu uso: Ef 5,19; Cl 3,16). Por último, *Lucas* afirma que os *Salmos* falaram diretamente de e sobre Cristo (Lc 24,44).

Salomão

(*"O Pacífico"*). Filho de Davi e Betsabé. Protegido pelo sacerdote Sadoc e pelo profeta Natã, conseguiu ser escolhido entre seus irmãos para suceder a Davi na monarquia. Reinou entre 972 e 933 a.C., fortaleceu seu reinado assassinando seus opositores (entre eles, seu meio-irmão Adonias: 1Rs 1-3), dedicando-se à edilidade (templo, corte, fortalezas, guarnições, cidades: 1Rs 6-7; 9), à administração do reino (1Rs 4), ao comércio, à política internacional e a engrandecer o prestígio de Jerusalém entre cidadãos e estranhos (1Rs 8; 10). Foi o rei "Sol" em Jerusalém e a tradição lhe reservou um lugar especial entre os grandes por sua sabedoria proverbial (1Rs 3,16-28; 5,9-14), como autor de Salmos (Sl 72; 117) e de obras posteriores, atribuídas a ele com o recurso da pseudonímia (bíblicas: *Eclesiastes, Cântico dos cânticos, Sabedoria*; e apócrifas: *Odes de Salomão e Salmos de Salomão*). Esta grandeza intelectual e deslumbramento com fama internacional (fortuna: 1Rs 10,14-29; harém de 1.000 mulheres entre as esposas, princesas e concubinas; 11,3) não foram respaldados totalmente por sua religião e algumas medidas políticas que mancharam sua figura como a tolerância de cultos pagãos e seu afastamento de Javé, sua mão dura com os israelitas das tribos do Norte e perseguição de Jeroboão (1Rs 3,3-11).

Salomé

(*"Plenitude", "Paz"*). Nome de três mulheres no Novo Testamento: uma discípula de Jesus que o seguiu desde a Galileia e o acompanhou até o Monte Calvário (Mc 15,40; 16,1); talvez a esposa de Zebedeu e mãe dos apóstolos João e Tiago (Mt 20,20; 27,55) e a filha de Herodíades, cujos encantos e dança fizeram que Herodes Antipas perdesse a cabeça e mandasse degolar João Batista durante uma festa em sua corte (Mc 6,21-28; Mt 14,6-11).

Salvação

Contém basicamente os significados de preservar de um perigo ou tirar dele. É o tema que percorre cada página da Escritura e se manifesta em todas as intervenções divinas em favor do indivíduo e do povo como redenção, perdão, criação, milagre, êxodo, dia do Senhor, promessa, bênção, bem-aventurança e outros temas mais. A salvação não é só ideia e promessa, senão libertação efetiva e concreta de perigos e de inimigos como a hostilidade de homens ímpios, a guerra, a fome, a enfermidade, o pecado e a própria morte. Seu aspecto mais significativo ocorre quando tal salvação se personifica e se apresenta em um Messias e Salvador concreto, chame-se juiz, profeta, rei ou servo (Jz 3,9; 2Rs 13,5; Is 53). O primeiro salvador é Deus mesmo (Is 43,3-11; Sl 24,5; Os 13,4). Em sua pessoa Jesus concretiza as esperanças do Antigo Testamento e recolhe suas acentuações principais: desde a própria etimologia de seu nome, Jesus ("O Deus que salva") é Emanuel ("Deus conosco"); o Servo e o Profeta que revela a verdade de Deus e a verdade do homem; o Redentor que liberta com sua palavra, sinais, nome, morte e ressurreição; o Filho de Deus e o Filho do homem glorioso que chega sobre as nuvens do céu; o Messias em pessoa que oferecia a salvação definitiva e fora da qual não há outra; e, finalmente: o Senhor dos vivos e dos mortos (At 4,10-12; Fl 2,6-11; Hb 1,114; Ap 5,6-14; Mc 1,1).

Samaria

Capital do Reino de Israel fundada por Omri, a 45 quilômetros do Mar Mediterrâneo e a 70 ao norte de Jerusalém, situada entre montanhas que facilitavam sua defesa. Perdurou até sua destruição pelos assírios (870-721 a.C.), em um primeiro momento, e logo teve altos e baixos em importância até os tempos apostólicos em que teve sorte parecida com a de Jerusalém por volta do ano 70; de modo que passou pelas mãos dos babilônicos, persas, gregos, sírios e romanos. Foi embelezada notoriamente por *Herodes, o Grande*.

Região da Samaria. É uma franja de território em forma de trapézio no centro da Palestina e abarcava 25 quilômetros ao redor da cidade do mesmo nome. Foi visitada por Jesus que passou por Siquém (Jo 4,1-42) e nela surgiram importantes comunidades cristãs (At 8,1-25; 9,31; 15,3).

Os samaritanos. Raça mista constituída por descendentes de israelitas e assírios. No tempo de Jesus eram considerados pagãos ou pior que estes pelos judeus ortodoxos, devido a seu sincretismo, mescla de judaísmo e religiões pagãs (2Rs 17-18). Alguns textos do Novo Testamento recordam a rivalidade entre samaritanos e judeus (Lc 9,51-56; Jo 8,48), mas também Jesus os assume como exemplo de piedade e caridade para combater a segurança dos judeus, fazendo-os ver que a salvação não é questão de raça, de méritos dos ancestrais, de nacionalidade, de ortodoxia histórica ou de culto e sim de misericórdia para todos. Estes ecos aparecem claramente na "Parábola do bom samaritano" (Lc 10,29-37), no caso do leproso samaritano agradecido (Lc 17,11-19) e no da mulher samaritana e seus conterrâneos convertidos (4,1-42).

Samuel

(*"Nome de Deus"*, *ou então: "Seu nome é El--Deus"*). Ultimo dos juízes, talvez sacerdote e chefe de uma corporação de profetas. Depois de uma infância e vocação no templo de Siló onde Javé se lhe manifestava (1Sm 1-3), o profeta encaminhou a nascente monarquia de Israel, consagrando Saul e Davi como reis (1Sm 3,20; 7,15; 10; 16). Como aos grandes personagens do Antigo Testamento, também se descreve Samuel rodeado do prodigioso: foi filho de uma mãe estéril (1Sm 1), cresceu em contato direto com o san-tuário de Siló e com oportunas revelações divinas (1Sm 3), participava do transe profético que animava a corporação que ele presidia (1Sm 10,9-13; 19,18-24), faz chover e provocava o estampido dos raios como sinal de que Deus o assistia (1Sm 12,16-18), enquanto sacrificava e intercedia diante de Deus pelo povo que vencia o inimigo, no estilo de Moisés (1Sm 7,9-10); apareceu a Saul mesmo depois de morto (1Sm 28,3-19) e tradições posteriores o consideraram um grande intercessor de origem levítica e pro-motor da organização do Santuário (Jr 15,1; SI 99,6; 1Cr 6,28; 9,22).

Livros de Samuel. São dois escritos (original-mente um só) nos quais se resumem acontecimen-tos do último período dos juízes e a instituição da monarquia israelita. Contêm materiais de diferentes tradições: história de Samuel, *o Vidente* (1Sm 1-7), mudança do conjunto tribal para a organização monárquica (1Sm 8-12), campanhas militares de Saul (1Sm 13-15), início de Davi na corte de Saul e como chefe de bando (1Sm 16-2Sm 1), Davi, rei de Judá e de Israel (2Sm 2-8), vida de Davi (2Sm 9-20), apêndices e listas de personagens célebres (2Sm 21-24). Ambos os escritos conservaram o nome de Samuel por ser este quem atuou como intermediário entre dois períodos críticos de Israel: o fim dos juízes e o início crítico da monarquia.

Sangue

Na antropologia bíblica é considerado sinô-nimo de vida, ou sede desta e, por tal motivo, não se pode ser bebido nem comido. Derramá-lo é um crime que pede vingança e mancha a terra que "o bebe" (Gn 4,10; 9,4-5; Lv 17,14); mas carne e sangue podem, no entanto, indicar a totalidade ou ainda a situação terrena do homem (Eclo 14,18; Mt 16,17; 1Cor 1,50), como é o caso de Jesus que se entregou totalmente em carne e sangue em sinal de aliança e memorial perene (Jo 6,53-56; 1Cor 11,24-25; Lc 22,19-20). Para a mentalidade antiga, comer a carne equivalia a assimilar sua força vital e espalhar o sangue tinha uma razão sacrificial que competia unicamente a Deus. O sangue era utilizado como sinal de proteção (Êx 12,7) para solicitar o perdão divino no dia da expiação (Lv 16), para indicar a oferenda da própria pessoa e comunidade nos sacrifícios do templo ou então, em sentido figurado, para denominar o vinho, a cor vermelha, o homicídio, uma pessoa, um castigo ou calamidade (Dt 27,25; 32,14; Js 2,19; Sl 72,14). O Novo Testamento fala do sangue de Cristo derramado voluntariamente enquanto causa de perdão, sinal de comunhão, sacrifício consumado e eucaristia (Jo 19,3 1-37; 1Cor 10,16; Hb 9,22). Ver: *Carne, Espírito.*

Sansão

(*"Filho do sol"* ou *"Pequeno sol"*). Herói popular da tribo de Dan, dotado de grande força e recordado em Israel como figura lendária. O *Livro dos Juízes* o considera juiz por ter libertado Israel do domínio dos filisteus durante 20 anos. Casou-se com a filisteia Dalila, a quem revelou a causa de sua força: sua grande cabeleira de consagrado. Sabido o segredo pelos filisteus, a quem já havia causado numerosos danos e escárnios, torturaram-no com a cegueira e o escravizaram junto a um moinho. Recuperadas suas forças com ajuda divina fez morrer muitos filisteus, destruindo o templo do deus Dagon onde estavam reunidos e morrendo ele também no mesmo lugar (Jz 13-16). Ver: *Cabelo, Nazir* ou *Nazireu.*

Santidade

Atributo divino de que participam quantos entram em contato com Deus, em nível de pessoas, objetos, lugares, tempos; a sua palavra escrita e a seus mensageiros sejam anjos, profetas ou eleitos (Os 11,9; Lv 20,3; Rm 7,12; 1Pd 1,15-16). O qualificativo aplicou-se particularmente ao templo, lugar da presença permanente de Deus (Hb 8,2; 9,2-25), e a Jerusalém, a cidade santa (Mt 4,5; 27,53). Da mesma maneira se qualificam os cristãos pela vocação a que estão chamados (Rm 1,5; 1Cor 1,12; 16,1; 2Cor 8,4; 9,12) e à comunidade escatológica (Ap 21,2.10; 22,19).

O santo. É como o ambiente divino que o invade todo e se manifesta como glória (Is 6). A partir do profeta Isaías, converte-se em epíteto divino, de modo que o Salvador e Senhor do povo se converte, como uma pitada de abstração, no "Santo de Israel" (Is 1,4; 5,19.24; 10,17.20), qualidade que exige e de que participa (Lv 19,2; Sl 71,22; 145,17) e que produz a santificação: processo que aproxima de Deus e afasta do mal. A partir daí, o santo se vai definindo como o totalmente outro, o separado, o diverso e, finalmente, o divino oposto ao profano, o comum e o manchado. Por isso, quando o homem piedoso tenciona possuir Deus, recorrerá a técnicas, ritos e procedimentos de purificação e de santificação para colocar-se à altura da situação. De seu lado, a presença de Jesus entre os homens rompe este esquema e necessidade e ele mesmo se define como quem vem buscar os pecadores (o não puro) e não precisamente a gente boa (os limpos, na perspectiva sacralizante que propunha a "Lei da santidade": Lv 17-26). Jesus, ao contrário, se apresenta como "a Palavra que se faz carne" (que se encarna), isto é, que oferece ao homem a possibilidade de conhecer e fazer parte do mistério de Deus, entrando em comunhão com ele e adequando-se à sua vontade, mais do que de superar o simples nível do impuro incluído no campo moral. Ele é "O Santo de Deus" e envia seu Espírito Santo para completar esta obra (Lc 4,16-21; Jo 6,69; At 1,1-5; 2,27; 3,14).

Santo dos santos. É o nome que se dava ao *Devir* ou sala interior do santuário em que se encontrava a arca da aliança (1Rs 6,23-28; Lv 16; Êx 26,33). A *Carta aos hebreus* fala desse local como uma imagem de outro santuário, o céu, ao qual entra anualmente não já um sacerdote com sangue de animais para solicitar o perdão de Deus, mas o próprio Cristo de uma vez por todas (Hb 9).

Sara

(*"Princesa"*, *"Soberana"*, *"Rainha"*). Esposa de Abraão, inicialmente estéril e depois premiada com a maternidade (Gn 11,26-17,5). Diante de reis estrangeiros Abraão a apresenta como sua irmã (Gn 12,10-20; 20,1-17). Segundo os textos, gera Isaac aos 90 anos (Gn 17,15-22; 18,6-15) e morre aos 127 (Gn 23). Outra Sara foi a filha de Raquel, esposa de Tobias (Tb 6-8).

Satã

(*"Acusador"*): Ver: *Demônio*.

Saul

(*"Pedido"*). Entre os personagens do mesmo nome destaca-se o primeiro rei de Israel, filho de Kish, da tribo de Benjamim. *1Samuel* apresenta as duas tradições, negativa ou favorável a sua escolha (8 e 10,17-27, de uma parte; e 9,1-10,16, de outra).

As façanhas de Saul são referidas com muitas lacunas e colocadas em relação ora com Samuel (1Sm 8-15) ora com Davi (1Sm 16-20), com o qual teve inicialmente estreita colaboração ao ponto de dar-lhe a mão de sua filha Micol e a quem, depois, por doença ou ciúme, perseguiu. Rejeitado por Deus e sem apoio do profeta Samuel, terminou mal: tomou decisões erradas, consultou a adivinha de Endor, foi derrotado pelos filisteus, perdeu seu filho Jônatas na mesma

Selo / 195

batalha e se suicidou. Seu corpo foi ultrajado e, uma vez morto, seus filhos morreram desgraçadamente (1Sm 24; 26; 28-31). Embora a tradição se mostre dura com ele e lhe retire o favor de Deus por não ter destruído todos os despojos do inimigo (*hérem:* 1Sm 1,15), cabe-lhe a glória de ter iniciado a monarquia de Israel com todos os seus riscos e dificuldades, como o reconheceu o próprio Davi em uma *elegia* (2Sm 1). Ver: *Davi, Jônatas.*

Seio

Na literatura bíblica o seio materno é o espaço da concepção, fonte de vida e também sinal de cuidado e proteção, sinônimo do coração e das entranhas, órgãos com que se expressam os sentimentos e paixões humanas (Lc 1,78; Fl 1,8). Em tal direção apontam aqueles outros textos que se referem ao "seio do Pai", no qual se refugia Cristo (Jo 1,18) e o "seio de Abraão", lugar para o qual é levado o defunto Lázaro de uma parábola do *Evangelho de Lucas* (16,22). Neste último caso, o "seio de Abraão" indica um lugar especial entre os eleitos junto ao patriarca da fé e entendido pela tradição como céu, glória, vida eterna, paraíso, banquete messiânico, reino de Deus, prêmio no além e intimidade com Deus. Ver: *Coração, Entranhas, Sheol ou Seol.*

Selo

Carimbo para legalizar juridicamente documentos, assegurar a propriedade de um objeto ou assinalar consagração e identificação. Na antiguidade bíblica é utilizado em forma de anel, pequena prancha ou cilindro levado no dedo ou então amarrado ao pescoço ou à cintura (Gn 38,18.25; Êx 28,11.21; 1Rs 21,8). Pode indicar proximidade, comunhão, assimilação, identificação e mistério (Ct 8,6; Ap 5,1-2.5.9). Os conceitos de proteção divina, assistência, eleição, autenticidade, segurança e vocação também se expressam com selos

196 / Sem, Cam e Jafé

ou marcas que a pessoa traz assinalada: Caim (Gn 4,15), a família hebreia (Êx 12,7), o que crê (Ez 9,4-6). O Novo Testamento fala do batismo (2Cor 1,22; Ef 1,13; Ap 7,3; 22,4), da cruz de Jesus (Mt 10,38) e do Espírito (Ef 1,13-14; 4,30) como selos do cristão, mas também se refere à marca ou número da besta (Ap 13,16-18; 14,9.11; 16,2) que têm os seguidores desta, na frente ou na mão, e que são antítese dos sinais salvíficos prometidos pelos profetas Ezequiel e Isaías (Is 44,5; 49,16; Ez 9,4).

Sem, Cam e Jafé

(*"Famoso", "Quente" e "Que cresça"*, respectivamente). Filhos de Noé, salvos com ele do dilúvio e fundadores dos supostos três ramos da humanidade nos templos bíblicos (Gn 7,13; 9,18-10,6). Ver: *Dilúvio, Noé.*

Senhor

Pessoa de respeito e de autoridade. Ambos os Testamentos o atribuem a Deus e a Cristo à maneira de título com o qual se evita utilizar o mesmo nome divino de Javé no Antigo (Sl 110) e se assinala a divindade de Jesus no Novo (Fl 2,11). O título (umas 8.800 vezes só no texto grego do Antigo Testamento) indica o senhorio divino sobre o mundo, a humanidade e a história (1Cor 12,3; Rm 10,9); utiliza-se como invocação, confissão de fé e esperança por sua presença definitiva (Fl 2,9-11; At 2,36; Ap 22,20) e assinala a culminância de sua revelação na pessoa de Jesus (Jo 20,28). Polemicamente e para distinguir Deus de outras divindades que pretendem erigir-se como "Senhores", o texto hebraico do Antigo Testamento reserva a essas o de Baal ("patrão").

Seol ou Sheol

Na cosmologia e teologia hebraicas designa o mundo dos mortos (Dt 32,22; Is 14,9.15; Sl

16,10). É descrito como lugar longínquo, de sombra, pó, silêncio, debilidade, abandono e solidão (Jó 38,17; Is 38,18; Sl 6,6; 88,3-5). E o antípoda do céu (Am 9,2; Sl 139,8). Com a doutrina da ressurreição, reforçada com o tema da imortalidade grega (Dn 12,1-3; Sb 2,1-8; 5,15-16), o *sheol* é traduzido por *Hades* e se converte em lugar intermédio, de passagem, visitado por Jesus e do qual resgata os que creem (1Pd 3,19); é o mesmo poder inexorável com que a morte alcança a todos (2Sm 22,5-6; Mt 16,18; Sl 18,5-6; 89,49), mas que Deus pode vencer (1Sm 2,6; Sl 49,16; Eclo 48,5; Ap 20.13-14) e do qual Cristo é libertado (At 2,24-31; Ap 1,18). Ocasionalmente, aparece personificado (Ap 20,13). Ver: *Abadon, Inferno, Morte.*

Septuaginta

(*"Setenta"*). Tradução e adaptação dos escritos do Antigo Testamento da língua hebraica para a grega, realizada entre os anos 250 e 100 a.C., aproximadamente. Segundo testemunho da *Carta de Aristeias*, a tradução-adaptação foi obra de 72 rabinos que, em idêntico número de dias, a realizaram em benefício da Biblioteca de Alexandria e da comunidade judia dessa cidade. Os cristãos serviram-se dessa versão, razão por que os judeus lhe retiraram seu favor. Além dos livros da Bíblia hebraica, a Septuaginta inclui o texto dos deuterocanônicos e alguns códigos incluem livros apócrifos como *Odes de Salomão, Salmos de Salomão, e 1 Esdras, 3 e 4 Macabeus.* Como a tradução-adaptação não resultou adequada nem para os judeus nem para os cristãos, nos primeiros três séculos da era cristã, realizaram-se novas versões para corrigi-la e superá-la: Áquila (por volta do ano 130); Símaco (170) e Teodósio (190-200). Atualmente se discute o problema teológico da inspiração da Septuaginta, a qual continuou sendo o principal texto grego do Antigo Testamento nos estudos exegéticos.

Sermão da Montanha

Nome genérico que se dá aos capítulos 5-7 do *Evangelho de Mateus* (cf. Lc 6,20-49), apresentados pelo autor como um grande discurso de Jesus do alto de uma montanha (Mt 5,1; 8,1). Foi chamado com nomes vistosos como "carta magna" e "nova Torá ou Lei" pelas perspectivas teológicas que seu autor parece imprimir-lhe: imitação da promulgação da lei por Moisés no Monte Sinai, contraposição dos dez mandamentos com oito bem-aventuranças que assinalam o aperfeiçoamento da lei antiga, primeiro dos cinco discursos que contém o Evangelho de Mateus (Mt 10,13; 18; 24-25) e compêndio do programa que os discípulos devem seguir na aplicação e difusão da mensagem do reino. O discurso parece dividir-se em três partes precedidas por uma introdução ou apresentação: exórdio (Mt 5,3-12: bem-aventuranças), primeira parte (Mt 5,13-48: a justiça perfeita e seus exemplos), segunda parte (Mt 6: as boas obras e seus exemplos) e terceira parte (Mt 7: exortações e respectivos exemplos).

Serpente

Mais que por sua realidade, a Escritura a cita frequentemente por suas características que se prestaram a simbolismos religiosos contrastantes e impactantes. Considerada prudente, astuta e maligna (Gn 3,1; Mt 3,7; 10,16), venenosa e impura (Jó 20,16; Lv 10,42), objeto de medo e especulações que raiavam pelo terrorífico como nas representações afins do Leviatã. Sua aceitação religiosa entre os povos cananeus da Palestina foi combatida pela Escritura ao considerá-la personificação do torvo, da mentira, do caos e do Maligno (Sl 91,13; Is 11,8; Mc 16,18; Lc 10,19), inimiga do homem (Gn 3; Ap 12,9; 20,2) e sinônimo de maldade, hostilidade e perigo (Sl 58,5; Dt 32,33; Is 14,29; Mt 23,33). A simbologia e teologia bíblicas serviram-se dela de forma positiva: Moisés mandou fazer no deserto uma serpente de bronze como símbolo de cura, assumido logo pelos galenos atuais. A imagem se conservou no templo e foi destruída por ordem do rei Ezequias (Nm 21,5-9; Sb 16,6-7; 2Rs 18,4: *Nejushtán*). O *Evangelho de João* a assume como prefiguração de Cristo na cruz (3,14). Ver: *Leviatã, Teriomorfismo*.

Servo de Javé

Da fórmula de cortesia (1Sm 25,23-29; Lc 1,38), além de sua aplicação ao escravo propriamente dito, o termo "servo" converteu-se em título honorífico de ministros de uma autoridade, de reis, profetas, patriarcas, apóstolos e enviados de Deus com missões específicas no povo (Nm 12,7; 2Sm 7,5; Lc 1,48.69; 2,29), assim como do mesmo povo que celebra a Deus (Is 41,8-9; 44,1-2). Quatro passagens do *Livro de Isaías* apresentam a figura misteriosa e messiânica de um servo especial nas quais se destacam seu sacrifício voluntário, sua humilhação em favor dos homens, sua escolha por parte de Deus e sua exaltação depois do sacrifício (Is 42,1-4; 49,1-6; 50,4-9 ou então 50,4-11; 52,13-53,12). O Novo Testamento refere tanto a figura como seu cumprimento a Jesus, sobretudo nos textos da paixão. Ver: *Paixão de Jesus*.

Sexualidade

Sua realidade e função são consideradas vontade divina, pois libertam o homem da solidão (Gn 1,27; 2,18), fazem germinar a vida participando da "imagem" (Gn 5,1-3) e estão destinadas à unidade (Gn 2,22-25). Concebe-se a sexualidade polarizada em homem e mulher, macho e fêmea (Gn 1,27; 2,23; 5,2), mas quando se reduz ao abuso genital gera-se a corrupção social e então intervém a regulamentação em seu exercício (Lv 18,20). Por outro lado, as manifestações sexuais (coito, masturbação, menstruação), por sua relação direta com a origem da vida, foram postas em relação com o sagrado e sujeitas ao ordenamento harmônico do sagrado e do profano, do puro e do impuro (Lv 12; 15); ao contrário, os abusos em forma de violação, adultério, homossexualidade e bestialidade foram asperamente condenados e castigados, convidando-se a comunidade a extirpar o mal e o caos semeado nela, pois o assunto superava a competência individual (Gn 19,34; 39; Lv 20; 2Sm 13). De sua parte, Jesus declara que não são os processos fisiológicos a causa da impureza humana; ao contrário, é o coração o eixo e fonte da maldade que o homem gera (Mc 7,20-23). Quando se solicita seu pronunciamento sobre a sexualidade mal exercida, ele propõe que o juízo sobre esta deve suspender-se diante do perdão, pois o pecado mais que simples ato e perda da prudência por um momento é um transtorno e uma atmosfera em que se movem as pessoas (Lc 7,36-50; Jo 8,3-11), o qual não lhes dá o direito de se julgarem umas às outras.

Sião

Colina ao norte de Siloé, sinônimo de Jerusalém e evocação da cidade messiânica por excelência e do céu (Is 2,2-3; Jo 12,15; Rm 9,33; Ap 14,1). Ver: *Jerusalém.*

Siloé

(*"Enviado", "Conduto ou canal"*). Canal e tanque cavados na rocha por ordem do Rei Ezequias para abastecer a cidade de Jerusalém (2Rs 20,20; Is 8,6; 22,11). No lugar ou perto dele morreram 18 pessoas esmagadas por uma torre. Jesus falou do sucesso aludindo à eminência do juízo (Lc 13,4); ademais, mandou um cego de nascença lavar-se em suas águas, e este ficou curado num instante (Jo 9,7).

Simeão e Simão

(*"Deus escutou"*). Formas diferentes do mesmo nome na Escritura.

Simeão. Tiveram este nome: o patriarca filho de Jacó e Lia, epônimo da tribo e território do mesmo nome (Gn 29,33; 34,25-31; Js 19,1-9); um ancestral de Jesus (Lc 3,30); um ancião, justo e piedoso, que tomou nos braços o menino Jesus e reconheceu seu messianismo (Lc 2,25-35); e um dos cinco profetas cristãos de Antioquia (At 13,1).

Simão. Tiveram este nome: um Sumo Sacerdote, filho de Onias (Eclo 50,1-21); um dos "Macabeus", filho de Matatias, o qual dirigiu a resistência judia depois de Judas e de Jônatas, e o qual foi nomeado Sumo Sacerdote e Etnarca (1Mc 13-16); dois apóstolos de Jesus (Simão, o *Zelota*, ou o *Cananeu*: Mt 10,3; At 1,13; Simão Pedro); um parente de Jesus (Mt 13,55; Mc 6,3); e outros personagens do Novo Testamento, cujos nomes aparecem aqui e ali: Simão, ex-leproso de Betânia (Mc 14,3); Simão, *o Fariseu*, anfitrião de Jesus (Lc 7,36-50); Simão de Cirene, o qual ajudou Jesus a carregar sua cruz (Mc 15,21); Simão *Mago*, que pretendeu comprar os carismas do Espírito Santo de Pedro e de João, pretensão que a tradição chamou de "simonia" (At 8,9-24); e Simão, o *Curtidor*, anfitrião de Pedro em Jope (At 9,43; 10,6.17). Ver: *Pedro*.

Sinagoga

(*"Assembleia"*). Assembleia e lugar de reunião das comunidades judias. Era lugar de instrução e oração. No tempo de Jesus elas existiam em todos os grandes povoados da Palestina e nas principais localidades do mundo helenista onde havia judeus. Jesus entrou em algumas delas onde explicava as Escrituras e onde revelou seu messianismo (Lc 4,16; Mt 4,23; 9,35; Mc 1,21).

Sinai

(*"Lugar de sarças" ou "Lugar do deus Sin"*). Têm o nome tanto o monte em que Moisés recebeu a lei divina como o deserto que se estende em sua cercania. Há dificuldades para encontrar sua

202 / Sinédrio ou Sanedrin

localização exata e é confundido com o monte Horeb de outra tradição. Na atualidade se designa "Montanha de Deus", o Sinai, o maciço rochoso Dyébel Mousa (2.245 metros de altura), localiza-do na Península do Sinai. Nele, Deus revelou seu nome a Moisés (Êx 3), fez aliança com seu povo recém-tirado da escravidão (Êx 19-40) e propôs novos princípios de vida social e reli-giosa (*Levítico*, Nm 1-10). O Sinai assinala a proximidade de Deus com o homem, sua proteção, palavra comprometedora e formadora de comunidade. Também é evocador de outro monte e revelação (Mt 5,1-12: bem-aventuranças), do monte em que Jesus dá uma amostra de sua glória (transfigura-ção), do monte de sua morte (Calvá-rio), do lugar de reunião da nova comunidade (Mt 28,7.10.16-20) e, tipologicamente, é antítese da nova aliança (Gl 4,24-26). Ver: *Monte.*

Sinédrio ou Sanedrin

(*"Conjunto de assentos", "Cadeirado"*). Senado ou assembleia judaica fundada no tempo dos Macabeus (por volta de 120 a.C.: 1Mc 11,23; 14,28), embora se acreditasse que sua origem re-montava à época de Esdras (400 a.C.) de acordo com as notícias bíblicas (Êx 5,16-18; 24,1; Nm 11,16; Dt 27,1). No tempo de Jesus compunha-se de 71 membros, representantes das grandes famí-lias e de grupos religiosos com prestígio social como escribas e fariseus. Tinha funções religiosas e políticas (jurídicas, civis e administrativas). Nicodemos e José de Arimateia pertenciam a este senado, o mesmo que considerou Jesus réu de morte (Jo 3,1; Lc 23,50).

Sinopse

(*"Olhar de conjunto"*). E o ato e resultado de comparar textos e, por conseguinte, o escrito a que se referem. Em particular, o termo se aplica ao texto dos primeiros três evangelhos colocados em colunas paralelas e em que se assinalam suas semelhanças e diferenças; por isso, são chamados em conjunto ou individualmente: evan-gelho(s) sinótico(s).

Questão sinótica. É o estudo comparado dos evangelhos sinóticos. A exegese bíblica chegou a alguns resultados aproximados. *Marcos* e uma suposta "Fonte Q" parecem ser os textos evangélicos mais antigos que estão na base de outros dois; os materiais se dividem nas tradições triplas (Mt-Mc-Lc), dupla (Mt-Mc, Mt-Lc, Mc-Lc) e simples (cada um); os três seguem aproximadamente o mesmo esquema (preparação ao ministério de Jesus, atividade deste na Galileia, viagem a Jerusalém, relatos da paixão e das aparições depois de sua morte); a linguagem e a sequência dos materiais são semelhantes; *Marcos* foi escrito por volta do ano 70, *Mateus* por volta do ano 80 e *Lucas* de 85-90. As diferenças entre eles se notam pelos enfoques que se deixam perceber em retoques, acomodações e redação; os interesses teológicos variam de um para o outro; as estruturas de temas (literárias e teológicas) também levam o selo de cada autor, assim como a organização geral dos materiais próprios ou recebidos da tradição; cada um deles está destinado a um tipo peculiar de comunidade e apresenta Jesus de maneira própria. Ver: *João, Lucas, Marcos, Mateus.*

Sirácida ou Livro de Ben Sirac

Ver: *Eclesiástico.*

Sodoma e Gomorra

Cidades ao sul do Mar Morto. Na primeira viveu Lot e sua família. Foram castigados por uns personagens misteriosos que previamente se haviam encontrado com Abraão que tentou salvar os habitantes justos (Gn 18-19). São considerados símbolos de castigo exemplar por causa da perversão de seus habitantes, que quiseram agredir os visitantes misteriosos contra a sagrada lei da hospitalidade. O nome da primeira passou

204 / Sofonias

a qualificar aberrações sexuais e seus praticantes (sodomia e sodomita). Ver: *Hospitalidade, Estrangeiro.*

Sofonias

(*"Javé escondeu"*). Profeta do séc. VII a.C., atuante nos tempos do rei Josias de Jerusalém. Seu nome passou para um escrito profético.

Livro de Sofonias. O autor se refere em seu breve escrito a três temas fundamentais: ao dia, aos pobres e ao resto de Javé. O "dia do Senhor" deixa de ser um simples futuro de julgamento para converter-se em uma conflagração cósmica (Sf 1,2-18); os "pobres de Israel" não são meramente um grupo de desprotegidos, mas uma comunidade qualitativa de humildes que buscam a Deus e aos que se chamam "humildes da terra" com acento moral e pietista (Sf 2,3); por último, apresenta-se o Deus justo com fortes avisos para os povos vizinhos (Sf 2,4-3,8) e promessas salvíficas ao "resto de Israel" (Sf 3,9-20). O escrito ocupa o nono lugar no grupo dos profetas menores.

Sofrimento

Em geral, é considerado inerente à condição humana, sinal de limitação e constante na vida do homem (*Jó*); outras vezes se descobre sua causa na maldade humana de uns sobre os outros, sejam indivíduos ou povos (Gn 4; Êx 3,7); em alguns casos é considerado prova ou requisito necessários para cumprir uma missão (José no Egito: Gn 45,5; o Servo de Javé: Is 52,13-53,12). Quando o piedoso o olha de frente resulta um escândalo que não compreende, tenta superá-lo com a lamentação, o grito e o pedido de ajuda ou então o converte em interpelação ao Deus providente e bom (Jr 20). De sua parte, Jesus se apresenta como eliminador da dor humana em todas as suas formas (Lc 4,18-21; 7,18-23), atua libertando do sofrimento supremo que se dá com a morte (Lc 7,11-16; Jo 11) e envia seus apóstolos para resgatar o homem de toda doença (Mt 10,8; Mc 16,18), não como algo extraordinário, mas como parte fundamental de sua missão evan-gelizadora. A explicação última a dá Jesus com seu próprio sofrimento explicando--o a partir da fé, dignificando o de todo homem e prometendo acabar com ele em sua parusia (Mc 8,31; Mt 5,3-12; 10,16-25; Lc 9,23; Hb 5,8; Ap 7,17; 21,4).

Aqui e ali, a Escritura oferece um aspecto sapiencial e pedagógico do sofrimento, além de uma tinta que o converte em sinal de eleição e de redenção (Jó 36,15; Sl 119,67.71; Jo 16,33; At 9,16; 14,22; Cl 1,24; Hb 5,8; 1Pd 2,19; 4,1; Ap 3,19).

Sol

Para os antigos semitas era síntese do céu, dos astros e da natureza inteira, ao ponto que também Israel, como outros povos vizinhos, chegou a prestar-lhe culto (Dt 4,19; 2Rs 21,3-5; 23,5.11; Jr 8,2). Simbolicamente, aparece como origem da luz, do dia e de toda claridade; como sinal do céu, da vida e da bondade da natureza que se prodigaliza em favor do homem; mas também como sinal de estabilidade e permanência, de continuidade e perpetuidade (Gn 1,14-19; Sl 72,5; 89,37). Para os autores apocalípticos sua sombra ou ofuscamento assinala epifanias divinas ligadas ao tema do dia do Senhor (Is 13,10; Jl 2,10; Sf 1,15; Mt 24,29; Ap 8,12). O Novo Testamento segue linhas idênticas: o sol se oculta na morte de Jesus (Mt 27,45-56); é sinal da salvação messiânica que ele traz (Ml 3,20; Lc 1,78) e seu nascente coincide ou continua a própria ressurreição de Jesus (Mc 16,2), assim como seu ocultamento alude à partida do Mestre com quem se insiste a ficar como para prolongar o dia (Lc 24,28-29). Ver: *Arco-íris, Estrela, Lua, Nuvem, Raio.*

Solidariedade

Aparece como conteúdo mais que como conceito e está subjacente aos temas da aliança, caridade, comunidade, hospitalidade e misericórdia. Suas manifestações concretas são derivadas da aliança entre duas partes, pois cada uma se compromete corresponsavelmente com a outra. A solidariedade divina manifesta-se no envio de Cristo (Tt 2,11-13; Jo 1,1-18) a qual exige outro tanto do homem (Jo 15,12-13). O homem responde com seu compromisso (obediência, vocação) e responsabilidade no cosmos e na comunidade. Quando a humanidade se solidariza negativamente no pecado, Cristo se une a ela na morte para resgatá-la de ambos os desastres (Jo 15,14-16; 2Cor 5,21; Gl 3,13; Fl 3,8-9).

Sonho

Positivamente, é sinal de descanso e confiança (Sl 4,9), ocasião que propicia premonições e revelações (Gn 20,3; 28,12; Dn 7-8; Mt 1,20; 2,13.19); necessita de intérprete sábio (Dn 1,17; 2,28; Gn 41) e o profeta chega a ser chamado de "sonhador" (Nm 12,6-8; Jl 3,1). Negativamente, tanto quanto à doença, alude à noite, à culpa, ao descuido e ao medo (1Rs 19,4-8; Mc 13,33-37) e é antessala e símbolo da morte (Dn 12,2; Mc 5,39; Jo 11,13). Em sentido simbólico, o sonho faz de porta o mundo do além, do sobrenatural e de Deus, do desconhecido e do futuro, de quanto não está ao alcance do homem normal e, por isso mesmo, se prestava em templos bíblicos como recurso na adivinhação (Dt 13,2-6). Por outro lado, há um sonho (mais exatamente torpor) que Deus envia para surpreender o homem com sua companheira (Gn 2,21), para entrevistar-se com ele (Gn 15,12; Jó 33,15), como perda da consciência (Jó 4,13) e inclusive para confundi-lo (1Sm 26,12; Is 29,10); mas também há outro, fruto da negligência e do descuido (Pr 19,15), ao qual Jesus sugere contra-atacar com uma vigilância atenta para que não culmine em tentação (Mc 13,33; Lc 22,40). Ver: *Morte, Noite.*

Susana

(*"Açucena"*, *"Lírio"*). Heroína de um acréscimo em grego ao *Livro de Daniel*, no qual se narra a história de uma mulher acusada por uns anciãos ante a comunidade e a ponto de ser apedrejada. Repentinamente, interveio o jovem Daniel: põe em evidência os anciãos lascivos e reabilita a casta esposa ante seu próprio marido e ante a comunidade. A moral do relato é clara: Deus assiste aos retos e a quem nele confia; seu juízo chega sempre a tempo; o mal é descoberto e castigado; a velhice não é garantia de sabedoria e de bondade (Dn 13).

Tabernáculo

Ver: *Arca*.

Tadeu

Ver: *Judas*.

Talião

(*"Tal... qual..."*). Formulação jurídica do Antigo Testamento que freava o abuso na vingança, facilitava a aplicação da justiça equitativa ("a tal dano... igual castigo") e se enunciava em forma de contraste: "Quando houver dano se pagará com: vida por vida, olho por olho, dente por dente, mão por mão, pé por pé, queimadura por queimadura, ferida por ferida, golpe por golpe" (Êx 21,23-24; Lv 24,18-21). Embora esta lei de talião fosse um adiantado respeito à "lei do mais forte" pré-histórica como a praticava Lamec, aplicação do "sete por um": Gn 4,15. Jesus no Novo Testamento superou esta justiça selvática com o mandamento "novo" da caridade e do perdão do "sete por um" ao inverso (Mt 5,38-42; 18,22).

Temor de Deus

Princípio básico de sabedoria bíblica no Antigo Testamento que é reverência, admiração, confiança, piedosa adoração e não medo ou angústia (Dt 10,12-21; Eclo 1,11-17; Is 11,2-3). Mais além só há amor (1Jo 4,18).

Temeroso de Deus. No Antigo Testamento designa o piedoso que honra a Deus e segue seus mandamentos. No Novo Testamento, é quem crê e confia em Deus, mesmo não judeu de raça e de religião (At 10,2.22; 13,16.26.43.50) Os *Atos dos apóstolos* chamam a estes "temerosos" "adoradores de Deus" (At 13,50; 16,14; 17,4.17; 18,7).

Templo

Lugar santo considerado habitação de Deus na terra e centro de reunião e coesão de uma comunidade. Depois da "Tenda da reunião", lugar em que se encontrava a arca no tempo do êxodo, Israel conheceu dois templos. Salomão edificou o primeiro no século X a.C. (1Rs 6); enquanto que os repatriados do exílio à Babilônia edificaram o segundo por volta do ano 520 a.C. (Ag 1,14-29; Esd 5,1-6,18), o mesmo que foi retocado nos tempos dos Macabeus (164 a.C.: 1Mc 10), embelezado amplamente por Herodes, *o Grande*, e destruído pelos exércitos romanos de Tito no ano 70 da era cristã (Mc 13,1-2; Lc 21,20). Enquanto a piedade de Israel se desenvolveu muito perto do templo, Jesus, seguindo ecos proféticos (Am 5,22-24; Os 6,6; Jr 22,15-16), propõe um novo culto em espírito *e* verdade (Jo 4), fala de si mesmo como do novo templo (Mt 24,2-3; Jo 2,19; At 6,14; Ap 21,22) e os escritores do Novo Testamento propõem o fiel e a comunidade como esse templo vivo (1Cor 3,16-17; Ef 2,14-22; 1Pd 2,4-5). Em sentido simbólico, o templo cumpre a função de catalisador da piedade, é o eixo do mundo e antena aberta ao Infinito, porta que se comunica com o céu e monte que aproxima de Deus. De outra parte, é também o lugar da oração, do sacrifício, da consagração e síntese da comunidade, da terra e do cosmos inteiro que busca a Deus.

Tentação

Prova ou armadilha que se faz para alguém desistir de um propósito. Deus é posto à prova pelo povo (Sl 95,8-9); Jesus o é também por gente próxima dele (Mt 16,23; 27,42) e pelo *Tentador* (Mt 4,1-11; Mc 1,13; Lc 4,1-13). Para vencê-la, o próprio Jesus propõe a oração (Mt 6,13; 26,41); Paulo descobre sua causa no pecado; João, no mundo; e Tiago, na concupiscência (Rm 7,8; 1Jo 2,16; Tg 1,14), pois não é Deus sua origem (Tg 1,13). O lado obscuro da tentação não está tanto na prova em si mesma quanto na apostasia de Deus que implica e na desconfiança e rebeldia à salvação oferecida em Cristo (1Pd 4,12-19).

Teofania

Ver: *Epifania.*

Teriomorfismo

(*"Representação animalesca"*). O conceito qualifica toda representação de conceitos, ideias, pessoas e inclusive o próprio Deus ou Cristo com características de animais. No Antigo Testamento se diz de Deus que ruge como leão (Am 1,2), canta como ave (Is 7,18), fareja como animal de caça (Gn 8,21; 1Sm 26,19), resfolega pelo nariz como búfalo (Jó 26,13; Sl 18,16; Êx 15,8) e se lança sobre sua presa como urso ou leopardo (Os 13,7-8). Textos com acentuações míticas arcaicas o apresentam em luta contra os inimigos à maneira de combate entre monstros

(Sl 74,13-14; Jó 26,12-13; Is 27,1). Igualmente, o transporte divino tem características animalescas como o descreve o profeta Ezequiel (Ez 1,4-12); e as condutas de governantes e reinos são comparáveis a atuações de dragões (Dn 1,7-8; 13). A serpente cumpre o papel de tentadora para Eva ou como sinal de salvação (Gn 3,1-5; Nm 21,5-9). O Novo Testamento segue o mesmo caminho: Jesus se apresenta como cordeiro (Jo 1,29.36), como cordeiro degolado e leão (Ap 5,6); sua crucificação é comparada à serpente levantada em uma haste por Moisés (Jo 3,14); e os poderes hostis a Deus e aos que creem são representados como figuras monstruosas e dragões que lhes fazem a guerra (Ap 13,14; 17), da mesma maneira que os castigos divinos também são representados sob aspectos de animais peçonhentos e mortíferos (Ap 9). Ver: *Animal, Cordeiro, Leviatã, Monstros, Serpente*.

Terra

Vários são os eixos em que se desenvolve o tema da terra, um dos mais amplos de toda a Escritura que inicia com seu ordenamento primitivo (Gn 1,1-2) e termina com sua renovação definitiva (Ap 21-22). Primeiramente, é apresentada como uma criatura de Deus, cheia de bondade e de bênção e um dom de Deus ao homem (Gn 1; Sl 8; 24,1; 89,12). Por isso, mais que corpo planetário que gira em torno do sol, é matéria-prima da qual é extraído o homem, com a qual convive, a qual ordena e trabalha e a qual retorna (Gn 1,28; 2,7.15; 3,9). Em segundo lugar, a terra é solidária com o homem: leva nas costas o pecado e a maldição causados pela humanidade; aprende a clamar pelo sangue que Caim e todos os "cains" derramaram nela (Gn 4,10-12; Mt 23,35); perverte-se com a maldade acumulada das gerações (Gn 6,11-12) e só pode recuperar sua bondade e bênção depois de uma desagradável intervenção divina e da presença do novo tipo de humanidade no justo Noé (Gn 1,9-13; 8,15-9,21). Em terceiro lugar, dá-se uma espécie de concentração e um processo de espiritualização em torno dela. Abraão é convidado a sair de sua "terra" para chegar a outra qualitativamente melhor, onde a bênção possa desenvolver todas as suas virtualidades (Gn 12,1-3); o povo hebreu, liderado por Moisés e Josué, é ajudado a buscar a "nova terra que mana leite e mel" porque aquela em que se encontra (escravidão) não é o tipo da terra querida por Deus (*Êxodo*); aos repatriados da Babilônia se promete não só a volta à sua terra e um novo êxodo, mas também esta busca se dá no marco de uma nova criação (Ez 37,21.25; Is 40,1-3; 41,20; 43,1-2; 45,8; 48,7). Sob o aspecto prático — quarto eixo, perspectiva ou direção —, os piedosos são convidados a não se deter na fertilidade da terra como se essa fosse sua única ou melhor finalidade (produzir bens), mas que se insista em que busquem a terra nova e definitiva e em purificar a atual, transformando-a em "terra santa" e "esposa de Javé" (Ez 48,35; Is 49,14-21; 60; 62,4-7). Também Jesus aparece no esquema da nova terra: primeiramente se faz e se vive a experiência da terra (Jo 1-14), depois fala dela e atua nela orientando-a qualitativamente com sinais que indiquem a novidade a que está chamada (Mc 10,29; Mt 5,4; Jo 9,5-7) e, finalmente, assume seus produtos de pão e vinho com os melhores sinais de comunhão humana e da relação dos homens com Deus (Lc 22,16-20). Finalmente, a comunidade cristã é convidada a restabelecer a harmonia na terra (At 2,44-45; 4,32-35), visto que já pagou um preço demasiado alto por causa do homem e chegou a hora de encontrar o repouso que Deus lhe destinou no sétimo dia (Gn 2,1-4; Is 66,22; Rm 8,19-22; Ap 21-22). Ver: *Bênção, Descanso, Messias, Trabalho.*

Terremoto

Com a enfermidade (peste), a guerra e a fome forma o trio caótico negativo da literatura apocalíptica que leva tudo a perder para que tudo possa ser renovado na nova ordem, mundo e cosmos.

212 / Tessalonicenses

De outro lado, serve para evocar a presença ou irrupção inesperada de Deus na história e realidade humanas (Êx 19,18; Jz 5,4; 1Rs 19,11; Sl 99,1); para indicar momentos decisivos e epifânicos na vida e obra de Jesus (tempestade acalmada: Mt 8,24; morte: Mt 27,5 1.54; ressurreição: Mt 28,2.4); para apoiar o anúncio do fim (Mt 24,7; Mc 13,8) ou para assinalar a ação missionária de seus ministros, como no caso de Paulo (At 16,26) e da chegada do Espírito em uma comunidade (At 4,31).

Tessalonicenses

Cristãos da antiga Tessalônica (a atual Saloniki grega), destinatários do primeiro escrito de Paulo e de todo o Novo Testamento.

1 Tessalonicenses. Carta escrita de Corinto pelos anos 50 ou 51, na qual Paulo os felicita por sua vida cristã, lhes dá notícias próprias e lhes explica as questões que os inquietam: exigências concretas da fé, castidade, relações com pagãos e o tema da parusia ou manifestação do dia do Senhor. Embora fruto da improvisação, o escrito contém dois pólos principais: agradecimento a Deus pelo realizado (1,2-3,13) e conselhos aos cristãos em função da próxima chegada do Senhor (4-5).

2 Tessalonicenses. Carta escrita pelo mesmo Paulo no ano 52 ou então por algum discípulo seu distante, por volta de 90. Também nesta volta a insistir sobre o tema da parusia, mas com enfoque novo: a chegada do Senhor é certa, porém, não está na virada da esquina, mas ocorrerá no momento que Deus escolher. Enquanto isso, há que se perseverar na fé e trabalhar segundo o solicitado por Deus a Adão (Gn 2,15; 3,17), sem esperar passivamente que o momento chegue, pois "quem não trabalha.., também não deve comer" (2Ts 3,10). Depois de uma breve saudação, o escrito sugere a forma de comportar-se ante as dificuldades (1); logo se mencionam os antecedentes prévios à vinda do Senhor (2,1-12);

finalmente, se aconselham a fidelidade, a oração e o trabalho como formas concretas de esperar o dia final (2,13-3,15) antes de terminar com os votos e saudações finais (3,16-17).

Tiago

(*"São Tiago"*). *Tiago, filho de Alfeu.* Apóstolo, a quem alguns autores identificam como Tiago *menor* (Mt 10,3; Lc 6,15).

Tiago maior. Apóstolo, irmão de João. Aparece entre os três ou quatro discípulos mais próximos de Jesus (Mc 1,19; 3,16-18; 9,2). Morreu decapitado por ordem de Herodes Agripa pelo ano 44 (At 12,2). Uma tradição espanhola o relaciona com Compostela.

Tiago menor. Era parente de Jesus (Mt 13,55; Mc 15,40; Gl 1,19). Possivelmente não era do grupo dos "Doze", mas teve um encontro com Jesus ressuscitado (1Cor 15,7). Desempenhou um papel importante na comunidade cristã de Jerusalém que presidiu e à qual imprimiu um forte acento pietista (At 12,17; 15,13-21; 21,20-25; Gl 2,12) e morreu mártir pelo ano 62, segundo tradições judaico-cristãs.

Carta de Tiago. Escrito canônico do Novo Testamento classificado em primeiro lugar no grupo das chamadas "Cartas católicas", atribuído a Tiago *menor* e escrito entre os anos 80 e 90. O escrito apresenta-se como um manual de exortações aplicado a destinatários helenistas, animando-os a viver a fé em obras concretas como a participação de bens e a prática das virtudes cristãs (silêncio, paciência, verdade, oração, conversão).

Timóteo

(*"Quem honra a Deus"*). Discípulo e companheiro de Paulo, de pai pagão e mãe judeu-cristã (At 16,1-4; 19,22; 20,4), a quem o apóstolo encarregou a comunidade de Éfeso (1Tm 1,3).

1 e 2 Timóteo. Cartas catalogadas no grupo das "pastorais" e escritas por Paulo a Timóteo entre os anos 63 e 66 ou, no caso de não serem suas, na última década do século I. Ambas contêm uma série de instruções a Timóteo (personagem histórico ou tipo do pastor cristão, como o "Teófilo" de *Lucas* e *Atos* ou a "Electa" ou Eleita de 2Jo). Tais instruções dão a Timóteo pistas de direção pastoral para a comunidade e o recomendam ser homem de princípios firmes, modelo para os fiéis e pessoa preparada para esse cargo de modo que saiba aconselhar, coordenar a comunidade e defender a fé.

1 Timóteo alterna dois temas fundamentais: confrontação com os hereges e falsas doutrinas (1Tm 1,3-20; 4,1-10; 6,3-19) e ordem na comunidade (2-3; 4,11-6,2), precedidos e seguidos por introdução e final (1,1-4; 6,20-21).

2 Timóteo contém uma saudação (1,1-2), uma exortação à coragem no testemunho da fé (1,3-2,13), uma polêmica contra os hereges (2,14-4,8) e pedido da visita de Timóteo ao apóstolo (4,9-22).

Tito

Cristão de origem pagã, companheiro de Paulo (2Cor 2,13; 7,6-15; 8-23), levado por ele a Jerusalém (Gl 2,1-3).

Carta a Tito. Escrito epistolar catalogado entre as "Cartas pastorais" de Paulo por seu teor: orientação para a organização de uma comunidade, prevenção contra os erros que a rodeiam e as qualidades que a animam. Se for de Paulo, pode ter sido escrita entre os anos 63 e 66; se não, os críticos datam-na até o ano 90.

Tobias

(*"Javé é bom"*). Filho de Tobit e Ana, educado na piedade judia tradicional (prática da esmola, solidariedade e hospitalidade). Enviado por seu pai de Nínive a Média para cobrar um dinheiro, encontra-se com o anjo Rafael, que o acompanha na viagem, o faz pescar um peixe com cujas vísceras poderá curar a cegueira de seu progenitor, facilita-lhe o casamento com Sara e o acompanha de volta.

Livro de Tobit. Escrito sapiencial, pitoresco e novelístico, do ano 200 a.C. aproximadamente. Reconhecem-se dois textos gregos do mesmo (uma forma longa reportada em um manuscrito do século IV e outra breve) e o texto latino traduzido por São Jerônimo do aramaico. Atrás da narração sobre os personagens Tobit, Tobias, Ana e Sara se entreveem os temas teológicos de fundo: a providência divina e o papel dos anjos; o valor da família e do matrimônio; a vida piedosa e sua recompensa.

Tomé

(*"Gêmeo"*). Apóstolo de Jesus, de quem nada se sabe, exceto suas intervenções e palavras acertadas em momentos críticos: decisão de seguir Jesus até a morte e convite seu aos apóstolos neste sentido (Jo 14,5); confissão da divindade de Jesus depois da ressurreição deste e aceitação do mesmo em sua qualidade messiânica e divina (Jo 20,24-28); vizinho de Pedro, Natanael, João e Tiago (Jo 21,2) e sexto, sétimo e oitavo lugar nas listas apostólicas (At 1,13; Mt 10,3; Mc 3,18). Suas poucas, porém fundamentais, intervenções no *Evangelho de João* chamaram a atenção dos cristãos nos primeiros quatro séculos nos quais surgiu uma literatura apócrifa em torno de sua figura (*Evangelho de Tomé, Atos de Tomé, Apocalipse de Tomé, Evangelho Copta de Tomé*).

Torre de Babel

Um relato do *Livro do Gênesis* assinala em forma de parábola qual deve ser a função do progresso humano e até onde sua malversação pode conduzi-lo. Um grupo humano (a humanidade) chega a determinado lugar e, para desafiar o tempo e a história futura, pretende alcançar os céus construindo uma torre que seja um marco de sua grandeza e onipotência. Deus "desce para ver" a obra que fica suspensa quando aqueles deixam de se entender por não falar a mesma linguagem. Em sua simplicidade profética, o relato previne o homem-humanidade: a unidade leva a Deus e não à prepotência ou à tentação de hegemonia mundial sem contar com Deus; a grandeza do homem não está em competir com o Céu à base de cálculo e êxito quando o que Deus quer é obediência e êxodo (Gn 11,1-9); não se negam o avanço e o testemunho da operosidade humana quanto à forma e à finalidade para consegui-los. O acontecimento de Pentecostes no Novo Testamento assinala o caminho correto: quando os homens, unidos, buscam a vontade de Deus, o Espírito os une mais e os potencia (At 2,1-13).

Trabalho

Mais que mecanismo frio no jogo da oferta e da procura ou requisito indispensável para manter-se, ou ainda situação escravizante do homem na terra, o trabalho é um encargo de Deus ao homem: apego legítimo à mãe terra, gesto de comunicação e solidariedade humana, encontro do homem ou mulher consigo mesmos, descobrimento da própria liberdade e transcendência, transformação do mundo, imitação do Criador e requisito para chegar ao descanso de Deus (Gn 2,2-3.15; 3,17-19; Mt 9,37-38; Mc 6,3; 2Ts 3,10-12). *Gênesis* o apresenta como vocação e missão do homem no cosmos, cuja finalidade é cultivá-lo e cuidar dele e não convertê-lo em terra maldita por seu pecado (Gn 2,15; 3,17). Quando a terra ficou pervertida pela perversão do homem (Gn 6,11-12) e teve de purificar-se mediante o dilúvio, o homem recebeu uma nova terra e teve a possibilidade de trabalhá-la novamente plantando ele mesmo a vinha (Gn 9,20).

Transfiguração

(*"Mudança de figura"*). Apresentação de Jesus a seus discípulos da parte de Deus como Servo e Messias a quem devem escutar. O relato assinala que o messianismo de Jesus não se dá diante do tipo de público que a gente pediria, mas em um ambiente de oração (Lc 9,28-36) e que, diferente de Moisés que subia solitário à montanha sagrada, Jesus o faz acompanhado, pois a mensagem a receber não é exclusiva para iniciados mas atinge a todos (Mt 17,1-9; 2Pd 1,16-18). Ver: *Epifania, Elias, Moisés, Monte, Nuvem.*

Tumba

A tumba, o sepulcro ou qualquer monumento funerário evocam a crua realidade da morte que acaba com o homem. Nos tempos bíblicos todo defunto devia ter a sua, pois, de outra maneira, ficava exposto ao esquecimento, à dessacralização, à vacância e ao castigo (Gn 3,19; 2Rs 9,10.34-37; Êx 37,1-3; Ap 11,9). Era considerado ao mesmo tempo casa do morto, sua prisão e lugar de seu repouso; lugar perigoso para os vivos que lhes provoca impureza, afasta-os de sua comunidade e os impede de seguir sua vida normal (Nm 16,19; 19,11; Lc 11,44; Mt 23,27). Por outro lado, é também lugar venerado por ser considerado centro de poder (2Rs 13,21), memorial do passado e sinal profético para os vivos (Mt 23,29-31). No Novo Testamento os evangelhos falam da tumba de Jesus como sinal de sua ressurreição (Mt 28,7; Mc 16,5-6), mas ao mesmo tempo indicam que é um simples lugar de passagem e não morada definitiva. Simbolicamente, Paulo fala do batismo como morte e sepultura do homem velho que morre com Cristo para que daí possa ressuscitar com ele (Rm 6,4; Cl 2,12; 3,1).

Unção

É assinalamento, escolha, missão e consagração. A Escritura refere múltiplas unções de objetos (altar) e pessoas (rei), para indicar a nova finalidade a que eram destinados (Gn 28,18; 1Sm 10,1; 16,12-13). O Novo Testamento recorda unções dos enfermos com finalidade curativa (Mc 6,13; Tg 5,14-16). Ver: *Azeite, Messias.*

Urim e Tumim

Ver: *Adivinhação, Oráculo.*

Vestido

É uma necessidade vital como o comer (Eclo 29,31; Mt 6,25-29), um sinal de dignidade e distinção (Lc 8,27.35; 1Cor 11,5-15) que distingue reis, nobres, pobres, ao penitente e a quem celebra a festa (2Sm 12,20; Mt 22,11-12). O vestido de uma pessoa é sua própria identificação ao ponto que tocá-lo é entrar em contato com os poderes desta (Mc 5,27-30). As ações realizadas com ele ou as situações nas quais intervém assinalam atitudes divinas e humanas. Assim, Deus veste o homem com o sinal de proteção e para superar o pseudovestido que esse havia inventado para esconder-se (Gn 3,7.21); tirá-lo todo ou parte dele é disponibilidade e serviço (Mt 5,40; Jo 13,4); rasgá-lo é sinal de aborrecimento, dor, escândalo e vergonha (Gn 37,34; 2Sm 13,19; Mt 26,65; At 14,14); sacudi-lo diante de alguém significa acusação ou distanciamento dele (At 18,6); vesti-lo indica a transformação, a novidade do ser, o batismo e a glorificação (Mt 17,2; Rm 13,12-14; Cl 3,9-12; Ap 7,9); entregá-lo a outro indica solidariedade, a participação nos próprios carismas, a missão encomendada a terceiros (Êx 22,25; Dt 24,12; 2Rs 2,14).

Vício

Atitude e ação opostas à virtude ou, mais precisamente, ao que é reto e justo a partir da perspectiva bíblica. Condenadas por suas consequências negativas para o indivíduo e para a comunidade. Por seus aspectos de abuso ou carência a respeito de um bem, é catalogado na esfera do pecado. A tradição do Novo Testamento reporta catálogos de vícios contrapostos frequentemente a outros de virtudes como para assinalar a distância que há entre aqueles e estas: Mt 15,19; Rm 1,29-30; Gl 15,19-23; 1Cor 5,10-11; Ef 5,3-5; Cl 3,5-8; 1Tm 1,9-10; 1Pd 4,3; Ap 22,15. Os demais destes catálogos refletem condutas falsas para com Deus, a religião e o culto; prejudicam igualmente a comunidade e pessoas; e dominam os campos da intemperança, o egocentrismo, a indiferença e o caos nas relações humanas.

Vida

Conceito e tema muito amplos cuja riqueza pode perceber-se em alguns elementos básicos de amostra. Fundamentalmente, é o bem e dom supremos que Deus dá ao homem e se manifesta na saúde, na longevidade, na família numerosa, na felicidade, no bem-estar, na ausência de desgraça e no respeito da comunidade, acúmulo de bens que se pode reduzir ao tema da paz (Pr 3,16; Gn 15,15). Em outro sentido, é uma força que permite não só existir mas conviver e sobressair quando Deus participa de seu Espírito (Gn 2,7; Ez 37,1-14). Em tal sentido, o homem revitalizado se evidencia na ação, no movimento, no trabalho, na realização pessoal e em benefício da comunidade e, por consequência, se opõe à fadiga, à enfermidade, ao sonho e à morte. Com outras palavras, a vida é uma bênção que se expressa simbolicamente como luz, água, vegetação, paz, vitória, bem-aventurança e comunhão. Por outra parte, a vida por excelência se dá só junto do Vivente, de modo que viver longe dele é estar morto (Lc 15,24.32) e dá-la como o Filho de Deus é mostrar seu maior sentido e finalidade (Jo 10,17-18; 15,13; Rm 5,6-8), pois ele é a vida (Jo 14,6).

Vida eterna. Assinala várias coisas: a preexistência de Cristo, a posse da bem-aventurança em totalidade, a permanência escatológica (definitiva) junto de Deus e a participação na intimidade divina alcançada mediante a fé e o amor (Jo 6,40.47; 15,9-17; 16,20-24).

Vivente. Aplica-se como qualitativo aos seres vivos: animais (Gn 1,21; Sb 7,20; Hb 13,11), sobretudo aos seres misteriosos que sustentam o trono divino (Ez 1,5; Ap 4,6; 5,6-14; 6,1; 7,11; 14,3); ao homem enquanto partícipe da vida que Deus lhe transmite (Gn 2,7; 3,20; Sl 27,13); mas é também um qualificativo divino que o caracteriza como o Deus dos vivos (Dt 5,26; Jr 10,10; 23,36; Mt 16,16; 26,63; Hb 10,31) e a Cristo como o Ressuscitado (Ap 1,18; 2,8; 22,13).

Vidente

Ver: *Oráculo, Profeta, Sonho.*

Vingança

Ver: *Talião.*

Vinho

Bebida que, além de seu emprego comum, se distingue por sua associação simbólica com a festa, o Espírito, a alegria messiânica, o sangue (elemento vital por excelência) e a eucaristia. Noé aparece semeando e cultivando a videira na nova terra depois do dilúvio, bebendo seu vinho e curtindo sua embriaguez (Gn 9,20). Sua abundância na Palestina é sinal de bênção e da bondade da terra prometida (Gn 27,28.37; Nm 13,23-24), não assim o dos maus que é veneno puro (Dt 32,32-33.) Se sua bebida é sinal de festa e abundância de alegria, a abstenção dela também é sinal de escolha como no caso dos recabitas que não o provaram (Jr 35,6-14) ou de João Batista que seguiu o mesmo caminho (Lc 7,33). Era nos tempos bíblicos oferenda para o santuário, medicamento (Is 1,6; Lc 10,34) e com o azeite, a cevada e os figos constituía um dos melhores frutos da terra. Metaforicamente, o vinho pode assinalar a nova era messiânica já presente com a pessoa de Cristo (Jo 2,1-11) e da nova bebida sacramental que evoca o sacrifício de Jesus e a participação em seu banquete messiânico (Mt 26,27-29).

Vinha. A Escritura a considera metáfora de riqueza e bem-estar (Gn 49,11; Dt 8,8; 1Rs 5,5), mas sobretudo símbolo de Israel que não sabe dar bons frutos (Is 5,1-7; 27,2-5; Os 10,1). Jesus utiliza o mesmo tema para indicar a chegada de uma nova comunidade que faz caso dos cuidados que lhe dão e que podem frutificar (Mt 21,33-46). Mas ainda, dele mesmo se autodesigna videira como símbolo de unidade, de participação de vida e de multiplicidade benéfica que dá sentido a seus ramos (Jo 15,1-6).

Viúva

Aparece frequentemente junto ao pobre, ao órfão e ao estrangeiro para indicar as categorias de pessoas mais desprotegidas do povo e mais necessitadas de piedade, solidariedade e justiça dentro da comunidade, além de estímulo e memorial que evoquem o êxodo e a misericórdia divina (Is 1,23; Jr 7,6; Dt 10,17-18; 16,11-14). Jesus atua em favor delas e segue as perspectivas proféticas, favorecendo-as, sanando sua dor e solidão e destacando sua generosidade (1Rs 17,8-24; Lc 7,11-17). Em geral, a Escritura louva seu estado e mais ainda sua generosidade materna que se prodigaliza em favor do povo em forma de oração e serviço, sem contar os casos que mais se sobressaíram das viúvas heroínas Rute, Judite e Ana (Lc 1,36-38). As comunidades cristãs tentaram resolver praticamente a situação das viúvas e fizeram surgir a instituição do diaconado (At 6,1; 1Tm 5,3-4; Tg 1,27).

Vocação

Escolha, chamado e convite a participar em uma missão de acordo com o plano de Deus. Mais que definições, a Bíblia apresenta modelos de resposta de homens piedosos a Deus: Set caminha junto dele, Noé lhe obedece, Abraão aceita até o sacrifício de seu próprio filho, Moisés se empenha, Ezequiel diz e faz tudo que lhe pede e Jeremias, apesar de sua debilidade e juventude, decide-se. A vocação é, pois, um chamado à fé, uma convocação de judeus e de pagãos dentro da mesma comunidade de eleitos, esquema que se repete pontualmente no Novo Testamento (Mc 1,16-20; At 2,39; Rm 8,28; 9,24; 1Cor 1,24; 1Ts 5,24). Os textos indicam que há mil vocações diferentes e por isso mil respostas possíveis para formar a única comunidade dos eleitos, por conseguinte, representa-se o tema com a metáfora do corpo humano e com um quadro de carismas (1Cor 12,14).

Vulgata

(*"Difundida", "Popular"*). Tradução e acomodação dos textos bíblicos a partir de seus idiomas originais (hebraico, grego, aramaico) para o latim, comumente atribuída a São Jerônimo (séculos IV-V) e aceita como "autêntica" e "oficial" pela Igreja a partir do Concílio de Trento (1546). Antes dela, circulavam já traduções incompletas em latim as quais genericamente se chamam *Vetus latina* (velha latina). O texto da Vulgata atual não é obra total de São Jerônimo, pois ele traduziu só alguns livros, outros, corrigiu-os na versão latina anterior a ele e de alguns outros não deixou versão alguma. Contudo, se lhe reconhece o mérito de ter dado às comunidades latinas um texto genuíno que atualmente foi submetido a uma revisão profunda de acordo com os novos avanços exegéticos.

Zabulão

(*"Deus me presenteou"* ou *"Deus me honra"*). Um dos doze patriarcas, filho de Jacó e Lia, que deu nome à sua descendência e ao território que ocuparam (Gn 30,20; 49,13). Frequentemente aparece junto de Issacar, talvez por causa de sua vizinhança geográfica e história comum (Dt 33,18-19; Js 19,10-16; 11,5-8; Jz 1,22-36; 5,14-15). Da tribo saiu o juiz Elon (Jz 12,11-12).

Zacarias

(*"Javé concedeu"*). Nome de numerosos personagens bíblicos, vários deles profetas como o apedrejado filho de Joiada ou Baraquias (2Cr 24,20-22; Mt 23,35), o conselheiro do rei Ozias (2Cr 26,5), um missionário enviado pelo rei Josafá (2Cr 17,7-9) e um sacerdote no tempo de Isaías (Is 8,2). Entre todos sobressaíram o esposo de Isabel, pai de João Batista, que agradece a Deus quando do nascimento do menino (Lc 1) e um dos profetas menores, atuante entre os anos 520 e 518 a.C., propulsor da reconstrução do templo

224 / Zaqueu

e contemporâneo do profeta Ageu (Zc 1,7; 7,1-3; Esd 5,1).

Livro de Zacarias. Penúltimo escrito entre os chamados "Profetas menores". O livro contém duas partes: a primeira refere discursos sobre a situação dos repatriados da Babilônia com quem insiste para a conversão (Zc 1 e 7) e uma série de oito visões (Zc 2-6); a segunda (oráculos acrescentados entre os anos 330 e 300 a.C.) apresenta a situação de Israel entre as nações pagãs (Zc 9-11) e o futuro de Jerusalém (Zc 12-14). A segunda parte, chamada "Dêutero-Zacarias", se reconhecem seus fortes acentos salvíficos, refletidos em temas interessantes como o da intervenção definitiva de Deus (Zc 9,1-8), a figura do rei humilde e salvador (9,9-10), a imagem do bom pastor (11,4- 17) e a silhueta do "Transpassado", derivada provavelmente do Servo de Javé de Isaías 53 (Zc 12,9-14). Estes e outros acentos foram assumidos pelo Novo Testamento e aplicados a Jesus sobretudo nos textos da paixão (Mt 21,4-5; 26,31; 27,9-10; Mc 14,27; Jo 12,15; 19,37).

Zaqueu

(*Talvez diminutivo de Zacarias* ou *"O Puro"*). Endinheirado cobrador de impostos de Jericó. Seu desejo de conhecer Jesus o motivou a subir a uma árvore para vê-lo, por ser de estatura pequena, convidá-lo à sua casa, tomar consciência de sua conduta abusiva anterior e decidir-se a ressarcir os danos causados (Lc 19,1-10). Em sua brevidade, o relato indica que a salvação se oferece a todos igualmente; que Jesus ou a boa-nova não são patrimônio dos piedosos; e que conhecer Jesus o Cristo significa mudança radical de vida e não memorização de suas palavras ou simples apelido que se leva nas costas.

Zorobabel

(*"Descendência de Babilônia"*). Neto do rei Joaquim, nascido na Babilônia e comissionado para guiar um grupo de repatriados à Palestina (Esd 2; Ag 1,12-14; Ne 7,6-72). Embora precedido por Shesbasar e seu grupo, Zorobabel é nomeado comissionário e governador da Judeia, encarregado da administração civil em favor dos persas. Apoiado pelos profetas Ageu e Zacarias, anima a fé do povo e reconstrói o santuário, eixo da unidade nacional (Ag 2,18-19; Zc 3,1-9; 4,11-13). São-lhe atribuídos alguns traços messiânicos (Zc 6,11-13) e no Novo Testamento figura como ancestral de Jesus (Mt 1,12-13).

Bibliografia

Para facilitar o amadurecimento e aprofundamento dos temas oferece-se uma tríplice bibliografia: para principiantes (A); para pessoas que manejam com familiaridade os textos sagrados (B); para os adiantados no estudo da Escritura (C). O conjunto termina com as traduções da Bíblia providas de notas abundantes (D).

(A)

GRUEN W., *Pequeño Vocabulario de la Biblia.* Ed. Paulinas, Buenos Aires, 1987.

PARRA SÁNCHEZ A. T., *Palabras de la Biblia.* Ed. DABAR, México D.F, 1992.

(B)

BARCLAY W., *Palabras griegas del Nuevo Testamento.* Ed. Casa Bautista de publicaciones, México D.F, 1977.

BAUER J. R., *Diccionario de Teología bíblica.* Ed. Herder, Barcelona, 1967.

DHEILY J., *Diccionario bíblico.* Ed. Herder, Barcelona, 1970.

DORE J., *Los grandes temas de la fe.* Ed. Desclée, Tournai, 1979.

FLOR SERRANO G.-A. ALONSO SCHÖKEL, *Diccionario terminológico de la ciencia bíblica.* Ed. Verbo Divino, Estella, 1980.

GRABNER-HAIDER A., *Vocabulario práctico de la Biblia.* Ed. Herder, Barcelona, 1975.

228 / Bibliografia

HAAG H., *Breve Diccionario de la Biblia*. Ed. Herder, Barcelona, 1992.

LEON DUFOUR X., *Vocabulario de Teología Bíblica*. Ed. Herder, Barcelona, 1978.

LEON DUFOUR X., *Diccionario del Nuevo Testamento*. Ed. Cristiandad, Madri, 1977.

MATEOS J.-J. BARRETO, *Vocabulario teológico del Evangelio de Juan*. Ed. Cristiandad, Madri, 1981.

MONLOUBOU L., *Diccionario bíblico compendiado*. Ed. EDICEP, València, 1991.

NELSON W. M., *Diccionario ilustrado de la Biblia*. Ed. Caribe, Miami, 1974.

PUBLISHING L., *Diccionario bíblico abreviado*. Ed. Verbo Divino, Estella, 1989.

VOGT E., *Diccionario bíblico*. Ed. EDICEP, València, 1969.

VON ALLMEN J. J., *Vocabulario bíblico*. Ed. Marova, Madri, 1968.

(C)

BUTTRICK G. A.-K. CRIM, *Diccionario dei intérprete de la Biblia*. Ed. Abingdon, Nashville, 1962 e 1976.

COENEN L., *Diccionario de los conceptos bíblicos del Nuevo Testamento*. Ed. Sígueme, Salamanca, 1979-1980.

DIEZ MACHO A.-S. BARTINA, *Enciclopedia de la Biblia*. Ed. Garriga, Bacelona, 1969.

HAAGH.-A. VANDENBORN-S. DE AUSEJO, *Diccionario de la Biblia*. Ed. Herder, Barcelona, 1978.

KITTEL G.-G. FRIEDRICH, *Gran Léxico del Nuevo Testamento*. Ed. PAIDELA, Brescia, 1965-1988.

ODELAIN O.-R. SEGUINEAU, *Diccionario de los nombres propios de la Biblia*. Ed. Du Cerf y Desclée de Brouwer, Paris, 1978.

PEDERSEN J., *Israel, su vida y cultura*. Ed. Oxford University Press, Londres, 1973.

JENNI E.-C. WESTERMANN, *Diccionario teológico manual del Antiguo Testamento*. Ed. Cristiandad, Madri, 1978.

(D)

ESCUELA BIBLICA DE JERUSALEN, *La Biblia de Jerusalén*. Ed. Du Cerf, Paris, 1974.

LA CASA DE LA BIBLIA, *La Biblia*. Ed. Sígueme, Sociedad de Educación Atenas, PPC, Verbo Divino, Espanha, 1992.

ALONSO SCHOKEL L.-J. MATEOS, *Nueva Biblia Española*. Ed. Cristiandad, Madri, 1975.

STRAUBINGER J., *La Santa Biblia. Ed. Club de Lectores, Buenos Aires, 1986.*

A.A.V.V., Traducción Ecuménica de la Biblia. Ed. Du Cerf y Les Bergers et Les Mages, Paris, 1975.

A.A.V.V., La Nueva Biblia Latinoamérica. Ed. Paulinas e Verbo Divino, Espanha, 1990.